DESCRIPTION
DE L'EGYPTE

Couverture | Cover | Umschlag:
Thèbes, Medynet-Abou – A. vol. II, pl. 12
Bas-relief colorié, sculpté dans la galerie du sud du péristyle
du palais.

Avertissement:
**Les légendes sont celles de l'édition originale et
respectent l'orthographe fluctuante, et souvent
contradictoire, de l'époque napoléonienne.**

Please note:
**The original French captions have not been
translated and the sometimes idiosyncratic
spelling of the Napoleonic age has been retained.**

Hinweis:
**Die Bildlegenden entsprechen der französischen
Originalausgabe und wurden nicht übersetzt.
Wir haben die wechselnde und oft wider-
sprüchliche Orthographie der Napoleonischen
Zeit beibehalten.**

© 2002 TASCHEN GmbH,
Hohenzollernring 53, D–50672 Köln
www.taschen.com

Original edition: © 1995 Benedikt Taschen Verlag GmbH
Conception and text: Gilles Néret
Cover design: Angelika Taschen
English translation: Chris Miller
German translation: Bettina Blumenberg

Printed in Germany
ISBN 3–8228–2168–3
ISBN 2–7434–4330–8 (Edition réservée pour Maxi-Livres)

DESCRIPTION
DE L'EGYPTE

Publiée par les ordres de Napoléon Bonaparte

Edition complète

TASCHEN

KÖLN LONDON MADRID NEW YORK PARIS TOKYO

Manufacture Creil et Montereau: Assiette représentant Bonaparte durant la campagne d'Egypte. Vers 1840.
Faïence polychrome, diamètre: 20,5 cm. Musée de l'Ile de France, Sceaux.

L'auteur et l'éditeur tiennent vivement à remercier
pour leur aide précieuse

Madame Boisard, Directeur de la Bibliothèque
Sainte-Geneviève, Paris
Madame Zehnacker, Directeur de la Réserve
Madame Bessac, Conservateur
Madame Delavau, Bibliothécaire

ainsi que le collectionneur particulier, qui leur ont permis
d'utiliser leur exemplaire de la Description de l'Egypte
afin de mettre au point la présente édition.

Ils rendent aussi hommage au photographe Dhun Captain
et à Sylvie Basdevant qui s'est chargée de la coordination.

Jean-Antoine Gros: Bonaparte haranguant l'armée avant la bataille des Pyramides – 21 juillet 1798 (détail). 1810. *Huile sur toile, 389 x 511 cm. Château de Versailles.*

«Quarante siècles vous contemplent...»

«Soldats, du haut de ces pyramides, quarante siècles vous contemplent...». Cette phrase, qu'aurait adressée Bonaparte à ses troupes avant la bataille des Pyramides (21 juillet 1798), symbolise en quelque sorte le bilan de la «campagne d'Egypte»: un désastre militaire indiscutable aux conséquences immenses dans le domaine de l'archéologie. Les soldats passent... les pyramides restent.

Un désastre militaire et politique

Il faut être fou comme les Français, en effet, alors que la patrie est attaquée de toute part, pour envoyer au loin sa meilleure armée et son meilleur général. Motif officiel autant que généreux: libérer un peuple du joug des beys et de leurs mamelouks, lui apporter la civilisation moderne. En réalité: fonder une colonie française, faire de l'Egypte une province de la République qui raffermisse la domination de la France dans le bassin méditerranéen et l'étende, si possible, jusqu'en Orient. Bonaparte rêve d'Alexandre et de César, il veut auréoler son nom de gloire. Pourtant cette campagne, dont le but est de toucher l'Angleterre à son point sensible, se solde par un échec. Les historiens, plus tard, la railleront comme «une alternative romantique à l'invasion de l'Angleterre». Nelson coule à Aboukir les 200 navires qui ont transporté le corps expéditionnaire de Bonaparte et l'armée française se retrouve prisonnière de sa conquête tandis que son général l'abandonne pour voler au secours de la République et se faire couronner empereur.

Le véritable mérite de cette expédition est que, bien qu'elle ait été un échec politique, elle n'en a pas moins changé la face du monde. Elle a donné naissance à l'égyptologie en révélant les splendeurs d'une civilisation oubliée et mystérieuse. Alibi pour une conquête? Héritage du Siècle des lumières? Aux 35 000 soldats de l'expédition, Bonaparte a mêlé l'élite scientifique et culturelle française de l'époque. En tout quelque 500 civils dont un groupe de 167 savants et experts comprenant 21 mathématiciens, 3 astronomes, 17 ingénieurs civils, 13 naturalistes et ingénieurs des mines, 4 architectes, 8 dessinateurs, 10 hommes de lettres, 22 imprimeurs munis de caractères latins, grecs et arabes... Dès que Bonaparte, près des pyramides de Guizèh, eut écrasé avec son artillerie les charges furieuses de 10 000 cavaliers mamelouks et fut entré

La naissance de l'égyptologie

au Caire, les savants se mirent au travail. Ils doivent, pour la plus grande gloire de la République, retrouver sous les sables millénaires les vestiges de l'Egypte pharaonique que Bonaparte qualifie de «berceau de la science et des arts de toute l'humanité». Une Commission des sciences et des arts ainsi qu'un Institut d'Egypte sont d'ailleurs aussitôt créés. Sous leur égide, tout est systématiquement consigné et soigneusement reproduit, des obélisques monolithiques richement décorés aux statues imposantes qui dominent les palmiers des rives du Nil.

Des conditions de travail inhumaines

On imagine mal les conditions de travail de ces jeunes gens – la moyenne d'âge est de vingt-cinq ans – parcourant un pays en guerre dans l'étouffante chaleur du Sud égyptien, surmontant les dangers et la pénurie, pressentant que le temps leur est compté pour percer les secrets de cette civilisation. Car on ne se contente pas d'établir les relevés des monuments anciens, on étudie aussi l'influence du Nil sur la fertilité du pays, on recueille des renseignements sur les systèmes d'irrigation, l'agriculture, les arts et métiers. Vivant Denon, alors responsable de l'Institut d'Egypte – et que Napoléon nommera à la tête du Louvre – raconte comment, en suivant les troupes lancées à la poursuite des mamelouks du rebelle Mourad Bey, il traverse «un pays qui, hormis le nom, était pratiquement inconnu des Européens; par conséquent, tout valait la peine d'être décrit. La plupart du temps, je réalisais mes dessins sur les genoux. Bientôt, je dus les faire debout, puis sur mon cheval; jamais je ne pus en terminer un comme je le souhaitais ... ». Mais quelle récompense que de découvrir la Vallée des Rois au sortir de Thèbes, d'explorer Philae ou d'identifier dans une tombe d'El-Kab les premières scènes de la vie quotidienne en Egypte.

Le décryptage des hiéroglyphes

Bientôt les troupes, abandonnées par leur général, oubliées par la France, privées de munitions, décimées par la dysenterie et les épidémies, deviennent une proie facile pour les Anglais et les Turcs qui les bloquent dans le delta du Nil. Sommés de remettre l'ensemble de leurs travaux, les membres de la Commission des sciences et des arts refusent, menaçant de les brûler. Finalement les Anglais laissent passer les écrits et confisquent les objets, dont la fameuse stèle d'un mètre carré, pesant 762 kilos, qu'un officier du génie français a découverte au cours de travaux de terrassement à Rosette, à l'extrémité du delta du Nil. Cette découverte semble capitale car la stèle comporte un texte gravé en trois écritures différentes : hiéroglyphique en haut, cursive rappelant un peu l'arabe au centre, et grecque en bas. On pense qu'elle peut fournir la clé de l'énigme des hiéroglyphes. Tandis que les Anglais envoient la pierre de Rosette, comme « prise de guerre », au British Museum où elle trônera désormais, les Français acheminent à Paris les estampages et les copies qu'ils en ont tirés. Au cours d'une véritable compétition internationale qui durera 20 ans, Jean-François Champollion « vengera » les Français en remportant la finale de justesse et en décryptant enfin, grâce à la pierre, ces mystérieux hiéroglyphes.

La véritable victoire de Napoléon est d'avoir ordonné, en février 1802, à l'imprimerie Impériale d'entreprendre la publication du bulletin culturel et scientifique rapporté de l'expédition. Quatre cents graveurs sur cuivre vont ainsi travailler près de vingt ans à cette « Description de l'Egypte », équivalent du plus riche musée du monde. Un bilan complet de l'Egypte au moment de la campagne, comprenant non seulement la description des antiquités mais aussi l'inventaire pratique – et non dénué d'arrière-pensées économiques – de la faune et de la flore. Véritable synthèse ethnographique et géographique, l'ouvrage monumental se compose de dix tomes in-folio et deux recueils que nous reproduisons intégralement. Il contient 837 planches gravées sur cuivre, soit au total plus de 3 000 illustrations dont certaines mesurent plus d'un mètre de long.

Ainsi la campagne d'Egypte de Bonaparte, cette aventure épique aussi incroyable qu'extravagante, si mal conçue et si mal engagée, au lieu de donner les résultats politiques qu'on n'attendait d'ailleurs plus, allait avoir des conséquences immenses dans bien d'autres domaines et non des moindres : en donnant naissance à l'égyptologie, en permettant le décryptage des hiéroglyphes, en influant sur la décision de percer le canal de Suez, en suscitant les futures fouilles du type Howard Carter découvrant la tombe de Toutânkhamon. Déclenchant aussi le pire, l'« égyptomanie » et son corollaire le pillage qui allaient attirer pêle-mêle sur les bords du Nil les politiciens, les financiers, les marchands, les agents de musées en quête de bonnes affaires. Mais éveillant surtout et partout, ce qui importe, l'intérêt du simple citoyen du monde, affamé de culture ou d'aventure.

Le musée le plus riche du monde

Louis François Lejeune: Bataille des Pyramides le 21 juillet 1798. 1806.
Huile sur toile, 180 x 258 cm. Château de Versailles.

"FORTY CENTURIES LOOK DOWN ON YOU..."

A military and political disaster

"Soldiers, from the height of these pyramids, forty centuries look down on you ... "; thus Napoleon is said to have addressed his troops shortly before the Battle of the Pyramids (21 July, 1798). His words aptly summarize the result of the "Egyptian campaign", a military disaster which had extraordinary consequences for archaeology. Soldiers come and go ... the pyramids remain.

One must be mad as only the French can be to send one's best army and one's best general to the ends of the earth when the homeland itself is under multiple attack. The ostensible motive was a generous one: to free the Egyptian people from the oppressive Ottoman Empire and its Mamelukes. The real motive was to found a French colony and make Egypt a province of the Republic, thus reinforcing French domination in the Mediterranean basin and even, perhaps, extending it into Asia; Napoleon dreamt of Alexander and Caesar and wished to emulate their glory. Intended to wound the soft underbelly of the English, the campaign was an abject failure. At Aboukir, Nelson sank the 200 ships which had conveyed the expeditionary force and the French army found itself a prisoner of its conquest. Napoleon abandoned his army, returning with all speed to France to defend his country against the Coalition and to have himself crowned Emperor.

The birth of Egyptology

The expedition was a military and political fiasco – and it changed the face of the earth: by revealing the splendour of a mysterious and forgotten civilisation, it gave birth to Egyptology. The cultural and scientific elite of France accompanied the expeditionary force. Was Napoleon seeking justification for his conquest? Or was this simply the cultural heritage of the Enlightenment? Whatever his motives, 500 civilians accompanied the army, amongst them a group of 167 scholars that included 21 mathematicians, 3 astronomers, 17 civil engineers, 13 naturalists and mining engineers, 4 architects, 8 draughtsmen, 10 men of letters, and 22 printers equipped with Latin, Greek and Arabic characters. Napoleon's artillery destroyed the furious charges of 10,000 Mameluke cavalry beneath the Pyramids of Giza; then, as soon as he had seized Embabeh, forcing the routed Mamelukes to scatter into the Nubian desert, the scholars went to work. For the greater glory of the French Republic, they were to find, beneath the millennial sands, the vestiges of Pharaonic Egypt, the "cradle of the science and art of all humanity" as Napoleon put it. A Commission of Science and Art and an Egyptian Institute were promptly founded. Under their guidance, everything was systematically catalogued and meticulously drawn, from the monolithic obelisks with their rich decoration to the vast statues that dominated the palm-trees of the Nile banks.

It is difficult to imagine the conditions under which these young people – the average age was twenty-five – had to work; traversing a country at war under the stifling heat of southern Egypt, they overcame dangers and survived penury. They had the presentiment that time was short if they were to uncover the secrets of this civilisation. Not content with making a visual record of ancient monuments, they also studied the influence of the Nile on the fertility of the country and collected data on irrigation systems, agriculture, arts and crafts. Vivant Denon, then head of the Egyptian Institute (Napoleon later appointed him head of the Louvre) tells how, as he followed the Imperial troops in hot pursuit of the rebel Mourad Bey's Mamelukes, he saw "a country which, apart from the name, was all but unknown to Europeans; consequently, everything was worth describing. Most of my drawings were made on my knees. Soon, I had to make them standing up, then on horse-back; not one of them was finished as I would have desired ... ". But what a reward awaited him: the discovery of the Valley of the Kings just outside Thebes, of Philae, and, in the El-Kab tomb, of the earliest scenes of daily life in Egypt.

Inhuman working conditions

Abandoned by their general, forgotten by France, deprived of munitions, and decimated by dysentery and epidemics, the troops became an easy prey for the English and the Turks, who were blockading the Nile Delta. The members of the Commission of Science and Art were required to hand over their work; they threatened to burn them rather than do so. Finally, the English allowed the writings through and confiscated the objects, including the famous stele discovered by a French sapper during excavation work at Rosetta, on the very edge of the Nile Delta. It was clearly a significant discovery. For on the Rosetta stone, one metre square and 762 kilos in weight, the same text was engraved in

Deciphering the hieroglyphics

three different forms of writing: hieroglyphics at the top, a cursive script similar to Arabic in the middle and Greek letters at the bottom. The French sent their casts and copies to Paris; the Rosetta stone, a spoil of war, departed to the British Museum, where it has remained ever since. After a marathon international race that lasted 20 years, Jean-François Champollion restored French honour by a narrow victory; thanks to the Rosetta stone, he was finally able to decipher the mysterious hieroglyphs.

The world's richest museum

Napoleon's true victory lies in February 1802, when he ordered the Imperial Press to begin publication of the cultural and scientific spoils of the Egyptian expedition. 400 copper-engravers worked for some twenty years on "Description de l'Egypte". It was as though they were cataloguing the world's richest museum: a complete record of Egypt at the time of the expedition, including not only a description of its antiquities but also a (not entirely disinterested) inventory of its flora and fauna. A veritable ethnographic and geographic compendium, this monumental work comprises ten folio volumes and two anthologies, which we completely reproduce in this collection. It contains 837 copper-engravings and more than 3,000 illustrations in total, some of them more than a metre in length.

Thus Napoleon's Egyptian campaign, an unlikely epic as ill-conceived as it was ill-executed, failed to produce the political results intended. These were forgotten. In their stead came huge repercussions in areas of major importance. The expedition gave rise to Egyptology, allowed the hieroglyphs to be deciphered, influenced the decision to build the Suez Canal, and triggered all subsequent excavations, such as Howard Carter's discovery of the Tomb of Tutankhamen. It had less satisfactory consequences: the mania for things Egyptian, and its corollary, the pillaging of ancient remains, which drew to the banks of the Nile politicians, financiers, dealers, and buyers from museums, all in search of bargains. Above all, and this is what matters, it everywhere aroused the interest of the citizens of the world and their craving for culture or adventure.

Henri Léopold Levy: Bonaparte à la grande mosquée du Caire. 19e siècle.
Huile sur toile, 150 x 116 cm. Musée des Beaux-Arts, Mulhouse.

Léon Cogniet: Expédition d'Egypte sous les ordres de Bonaparte – détail de la partie centrale du plafond de la Salle Campana. 19e siècle. *Huile sur toile intégrée au plafond. Musée du Louvre, Paris.*

» VIERZIG JAHRHUNDERTE
SCHAUEN AUF EUCH HERAB ...«

»Soldaten, von diesen Pyramiden schauen 40 Jahrhunderte auf Euch herab...«. Dieser Ausspruch, den Bonaparte vor der Schlacht bei den Pyramiden am 21. Juli 1798 an seine Truppen richtete, symbolisiert im Grunde den Ausgang des gesamten »Ägyptenfeldzugs«. Er war ein militärisches Desaster, aber von ungeheurer Wichtigkeit für die Archäologie. – Die Soldaten ziehen vorüber ... die Pyramiden bleiben bestehen .

Ein militärisches und politisches Desaster

Nur die Franzosen konnten so verrückt sein, ihre beste Armee und ihren besten General in die Ferne zu schicken, während die Heimat von allen Seiten angegriffen wurde. Ein Volk vom Joch der Beys und ihrer Mamelucken zu befreien und ihm die moderne Zivilisation zu bringen, war die offizielle Erklärung. Das wirkliche Motiv aber: eine französische Kolonie zu gründen, aus Ägypten eine Provinz der Republik zu machen, wodurch die Vorherrschaft Frankreichs im mediterranen Becken gefestigt und, wenn möglich, bis in den Orient ausgedehnt werden sollte. Bonaparte träumte von Alexander dem Großen und von Cäsar, er wollte seinen Namen mit Ruhm bedecken. Der Feldzug, dessen Ziel es war, England an seinem empfindlichsten Punkt zu treffen, erwies sich jedoch als Fehlschlag. Die Historiker kommentierten ihn später mit ironischem Unterton als »eine romantische Alternative zur Invasion Englands.« Tatsächlich gelang es Nelson bei Abukir die 200 Schiffe, die das Expeditionskorps von Bonaparte befördert hatten, zu versenken; er nahm die französische Armee gefangen, während ihr General sie im Stich ließ, um der durch eine Koalition bedrohten Republik zu Hilfe zu eilen und sich zum Kaiser krönen zu lassen.

Auch wenn diese Expedition politisch ein Fehlschlag war, so liegt ihr wahrer Verdienst darin, daß sie zur Entstehung der Ägyptologie beigetragen hat, indem sie die Schätze einer geheimnisvollen Zivilisation ans Tageslicht beförderte. Alibi für einen Feldzug? Erbe des Jahrhunderts der Aufklärung? Wie dem auch sei, Bonaparte hatte unter die 35 000 Soldaten des Feldzugs die wissenschaftliche und kulturelle Elite Frankreichs gemischt. Insgesamt waren es etwa 500 Zivilisten, zu denen 167 Forscher und Experten gehörten: 21 Mathematiker, 3 Astronomen, 17 Ingenieure, 13 Naturforscher und Bergbauingenieure, 4 Architekten,

Die Geburtsstunde der Ägyptologie

8 Zeichner, 10 Geisteswissenschaftler, sowie 22 Schriftsetzer, die mit lateinischen, griechischen und arabischen Buchstaben ausgestattet waren. Nachdem Bonaparte mit seiner Artillerie bei den Pyramiden von Gizeh 10 000 Mamelucken niedergemetzelt hatte, brachte er Embabeh in seine Gewalt und marschierte in Kairo ein. Währenddessen waren die Forscher bereits an ihre Arbeit gegangen. Zum Ruhm der Republik sollten sie unter dem tausendjährigen Sand die Überreste des pharaonischen Ägyptens finden, das Bonaparte als »die Wiege der Wissenschaften und Künste der gesamten Menschheit« bezeichnet hat. Schon bald wurden eine Kommission für Wissenschaft und Kunst und ein Ägyptologisches Institut gegründet. Unter ihrer Leitung wurden die Funde systematisch gesichtet und sorgfältig restauriert, z.B. die reich verzierten monolithischen Obelisken und die imposanten Statuen, die die Palmen am Nil überragten.

Unmenschliche Arbeitsbedingungen

In der unerbittlichen Hitze des ägyptischen Südens durchzogen die jungen Forscher ein Land, das sich im Krieg befand. Sie waren bereit, Gefahren und Entbehrungen auf sich zu nehmen, weil sie spürten, daß nur begrenzt Zeit war, den Geheimnissen dieser Zivilisation auf den Grund zu gehen. Sie richteten die Überreste der alten Monumente wieder auf, erforschten aber auch den Einfluß des Nils auf die Fruchtbarkeit des Landes und verschafften sich Aufschluß über die Bewässerungssysteme, den Ackerbau, die Künste und das Handwerk. Vivant Denon, verantwortlich für das Ägyptologische Institut und Leiter des Louvre, erzählt, wie er in der Nachhut der französischen Truppen, ein Land durchquerte, »das, außer dem Namen nach, bei den Europäern praktisch unbekannt war; folglich war alles wert, aufgezeichnet zu werden. Die meiste Zeit fertigte ich meine Zeichnungen auf den Knien an. Einige mußte ich im Stehen machen, und andere sogar auf meinem Pferd … «. Doch welch eine Entschädigung, dafür das Tal der Könige vor den Toren von Theben entdecken zu dürfen oder im Grab von El-Kab die ersten Szenen aus dem ägyptischen Alltagsleben zu entschlüsseln.

Die Entzifferung der Hieroglyphen

Schon bald wurden die französischen Truppen – von ihrem General verlassen, von Frankreich vergessen, ihrer Munition beraubt, durch die Ruhr und andere Epidemien dezimiert – leichte Beute für die Engländer und die Türken, die sie im Nildelta einkesselten. Die Mitglieder der Kommission für Wissenschaft und Kunst weigerten sich, die Früchte ihrer Arbeit zurückzulassen, obwohl sie mit dem Tode bedroht wurden.

Schließlich überließen die Engländer den Forschern die Schriftdokumente und konfiszierten nur die Kunstobjekte, darunter die berühmte Stele, die von den Franzosen bei Arbeiten am Nildelta in der Nähe von Rosette entdeckt wurde. Dieser Fund war von außergewöhnlicher Bedeutung, denn die Stele mit einer Grundfläche von 1m^2 und einem Gewicht von 762 kg trägt einen Text in drei verschiedenen Schriften: im oberen Teil in Hieroglyphen, in der Mitte in flüchtig ans Arabische erinnernden Schriftzeichen und unten in griechischer Schrift. Hier lag der Schlüssel zum Geheimnis der Hieroglyphen. Die Engländer schickten den Stein von Rosette als Kriegsbeute an das British Museum, wo er sich seither befindet, während die Franzosen ihre Aufzeichnungen mit nach Paris nahmen. Im Laufe eines internationalen Wettkampfs, eines wahren Marathons von 20 Jahren, sollte Jean-François Champollion die Franzosen rächen und den Forschern Gerechtigkeit widerfahren lassen, indem er zuerst die geheimnisvollen Hieroglyphen des Steins entzifferte.

Der Verdienst Napoleons besteht darin, im Februar 1802 die Veröffentlichung der künstlerischen und wissenschaftlichen Ausbeute der Expedition veranlaßt zu haben. 400 Kupferstecher arbeiteten beinahe 20 Jahre an der »Description de l'Egypte«, so als ob sie das reichste Museum der Welt inventarisierten. Es ist eine vollständige Bilanz Ägyptens zum Zeitpunkt der Expedition, die nicht nur die Beschreibung der Altertümer umfaßt, sondern gleichzeitig ein praktisches Inventar der dort vorgefundenen Tier- und Pflanzenwelt darstellt: eine Synthese aus Ethnographie, Naturkunde und Geographie. Das Werk umfaßt zehn Folianten und zwei Sammelbände mit 837 Kupferstichtafeln, insgesamt mehr als 3000 Abbildungen, die wir hier vollständig wiedergeben.

So hatte Bonapartes Ägyptenfeldzug, statt politischer Erfolge, Auswirkungen ganz anderer Art: Die Geburtsstunde der Ägyptologie wurde eingeläutet; die Hieroglyphen konnten entziffert werden; der Suezkanal wurde geplant; Howard Carter wurde zu seinen späteren Ausgrabungen ermutigt, bei denen er das Grab des Tutenchamun entdeckte. Leider hatte er auch Schlechtes zur Folge, die Ägyptomanie und als unausweichliche Folge die Plünderungen, die alle möglichen Interessenten an das Ufer des Nils lockte: Politiker, Finanzleute, Händler, Museumsagenten. Am wichtigsten aber ist, daß das Interesse der Menschen geweckt wurde, die sich für die Kultur begeisterten und Lust auf Abenteuer verspürten.

Das reichste Museum der Welt

François Georgin: Kléber rejoignant Bonaparte après la bataille d'Aboukir: «Général, vous êtes grand comme le monde!». 19e siècle. *Xylographie, 39,5 x 57 cm. Image d'Epinal, Fabrique de Pellerin. Bibliothèque Nationale, Paris.*

Table des Planches

List of Plates

Übersicht der Tafeln

Laderer: Soldats du régiment des dromadaires – Campagne d'Egypte. 1839.
Lithographie colorée à la plume, 20 x 23 cm. Bibliothèque Nationale, Paris.

**Table des
Planches**

List of Plates

**Übersicht
der Tafeln**

Table des Planches

List of Plates

Übersicht der Tafeln

Table des Planches

List of Plates

Übersicht der Tafeln

▶ **Pierre Narcisse Guerin:** Bonaparte réprimant une sédition au Caire. 1806.
Huile sur toile, 50 x 75 cm. Musée des Beaux-Arts, Caen. Photo: Martine Seyve.

Jean Charles Tardieu: Halte de l'armée française à Syène (Haute-Egypte) en 1799. 1812.
Huile sur toile, 112 x 164 cm. Château de Versailles.

Frontispice: Perspective de l'Egypte, d'Alexandrie à Philae.

DESCRIPTION

DE L'ÉGYPTE,

OU

RECUEIL

DES OBSERVATIONS ET DES RECHERCHES

QUI ONT ÉTÉ FAITES EN ÉGYPTE

PENDANT L'EXPÉDITION DE L'ARMÉE FRANÇAISE,

PUBLIÉ

PAR LES ORDRES DE SA MAJESTÉ L'EMPEREUR

NAPOLÉON LE GRAND.

————

I – PLANCHES.

A PARIS,

DE L'IMPRIMERIE IMPÉRIALE.

M. DCCC. IX.

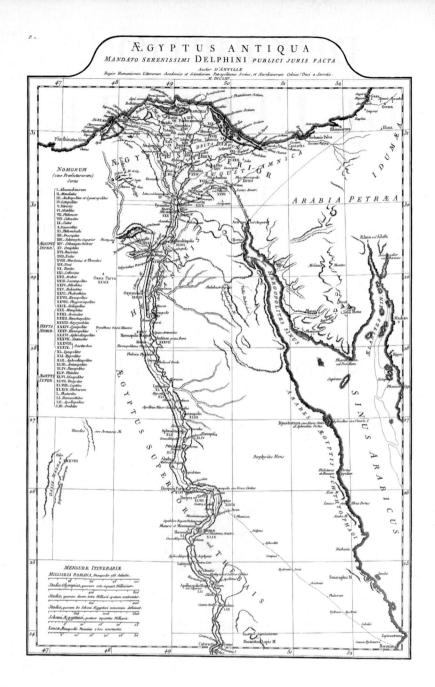

Carte de l'Egypte antique (Bourguignon d'Anville, 1765) intitulée: **Aegyptus antiqua.**

ANTIQUITÉS

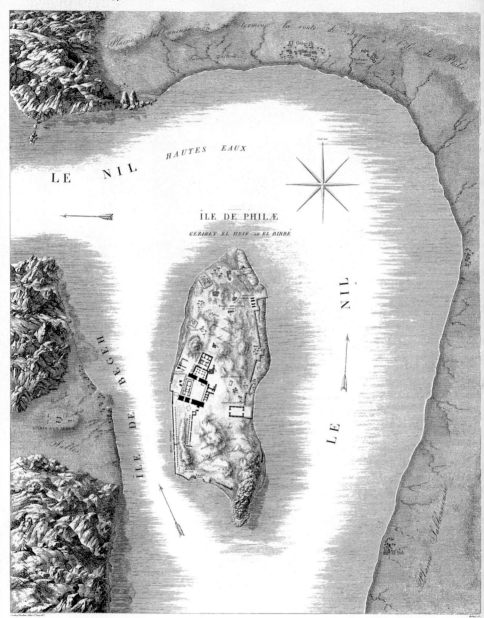

Plan général de l'île et de ses environs.

VOLUME I

Île de Philae

Île d'Eléphantine et environs

Koum Omboû (Ombos)

Selseleh (Silsilis)

Edfou (Apollinopolis Magna)

El Kab (Elethyia)

Esné (Latopolis)

Environs d'Esné (Latopolis)

Environs d'Esné (Contralato)

Erment (Hermonthis)

Vue générale prise du côté du nord-ouest.

Duhamel et Loisax S^t

Vue générale prise du côté du nord-est.

Vue des monuments de l'île et des montagnes de granit qui l'environnent.

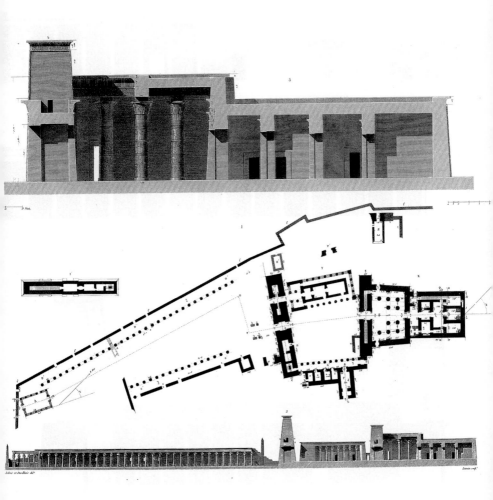

1.2 Plan et coupe générale des principaux édifices. 3 Coupe longitudinale du grand temple.

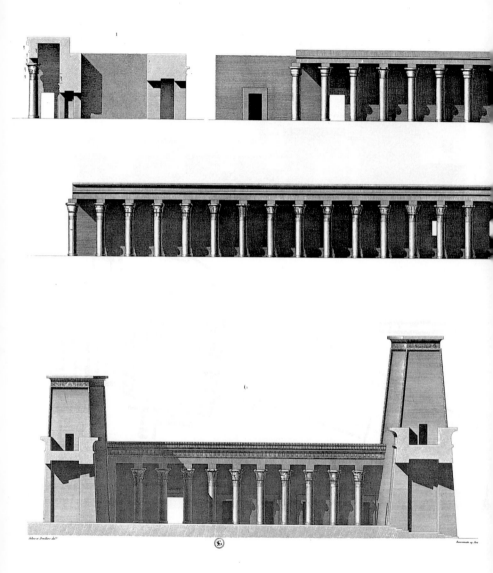

1.6 Coupe et élévation de la galerie de l'est. 2.3.4.5 Elévations des deux colonnades et de l'édifice du sud.
7 Elévation du premier pylône.

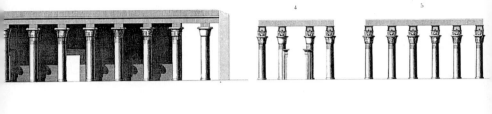

4　　　5

7

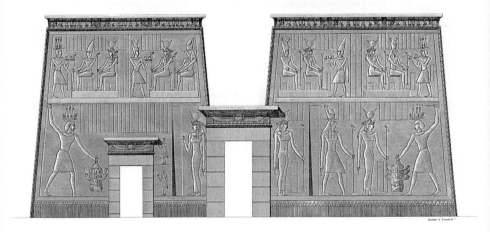

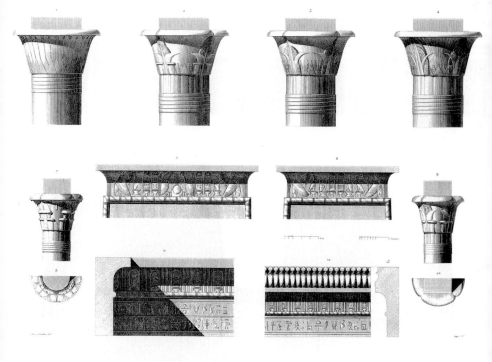

1.2.3.4.11 Chapiteaux et corniche du portique du grand temple. 5.6 Corniches des deux pylônes.
7.8.9.10.12.13 Chapiteaux et corniche de la galerie de l'est.

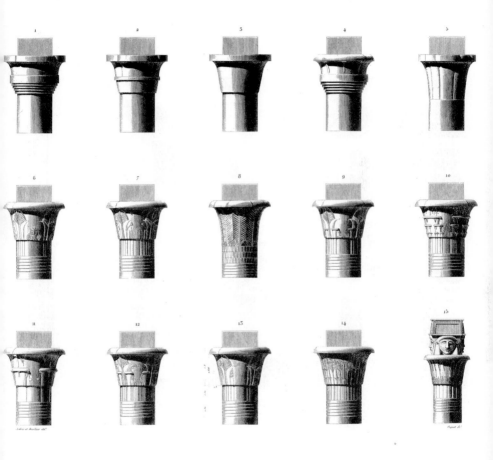

Détails de quatorze chapiteaux des deux colonnades. 1.2.3.4.5 Chapiteaux ébauchés. 15 Chapiteau de l'édifice du midi.

1.2.3.4.5 Diverses coupes du grand temple et des deux pylônes. 6.7 Détails des lions placés devant le premier pylône.

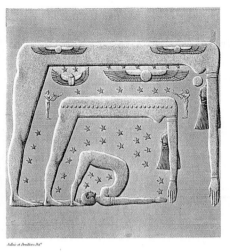

1.2.3.4 Sculptures du portique du grand temple. 5.6.7 Elévation, coupe et plans d'un monolithe du même temple.

1.2.4 Sculptures du portique du grand temple et du premier pylône. 3 Bas-relief de l'édifice ruiné de l'ouest.

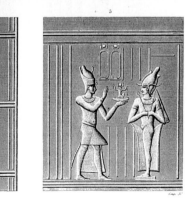

1.3 Sculptures des deux pylônes. 2 Bas-relief du temple de l'ouest. 4.5 Bas-reliefs du grand temple.
6 à 11 Inscriptions hiéroglyphiques.

1.3.4 Sculptures de la galerie de l'est. 2 Bas-relief du temple de l'ouest.

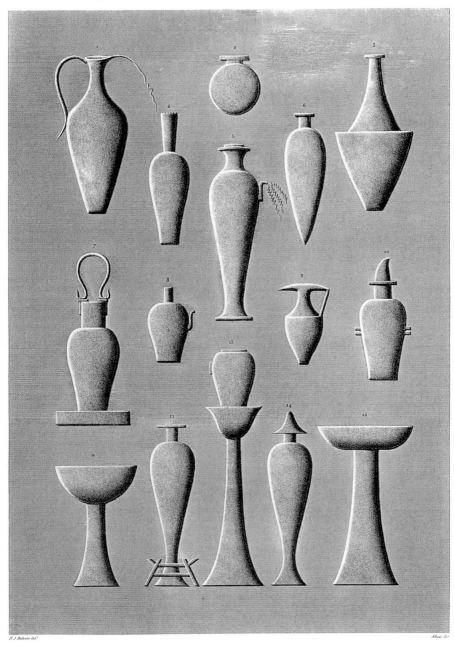

H. J. Redouté del.

Allais Sc.

Collection de vases sculptés dans divers édifices.

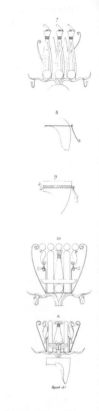

1 Collection de vases coloriés, sculptés et peints dans le grand temple. 2 à 11 Détails de cœffures symboliques.
12.13.15.16 Sculptures du grand temple. 14 Bas-relief du temple de l'ouest.

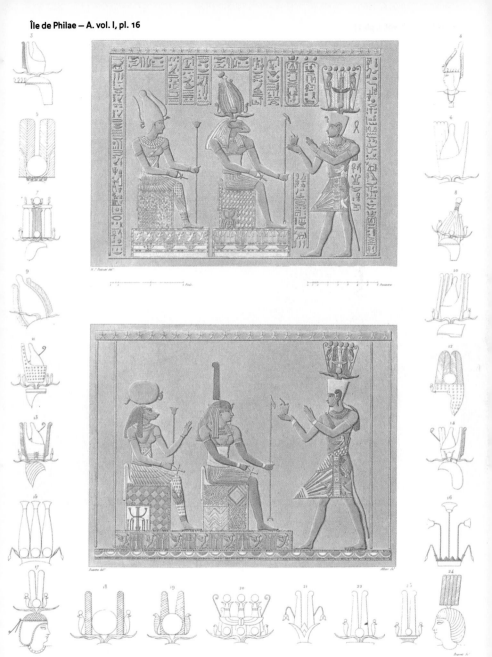

1.2 Bas-reliefs coloriés sculptés sous le portique du grand temple. 3 à 24 Détails de cœffures symboliques.

Vue perspective du second pylône et de la cour qui le précède.

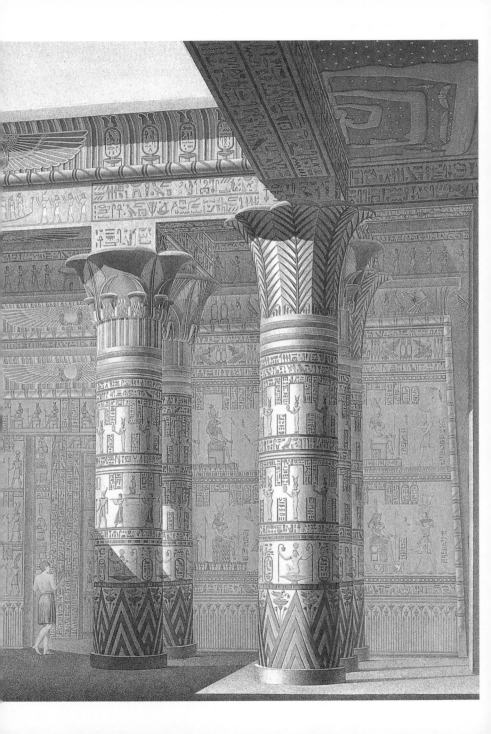

1.2 Bas-reliefs de l'édifice ruiné de l'ouest. 3 Sculpture du grand temple.

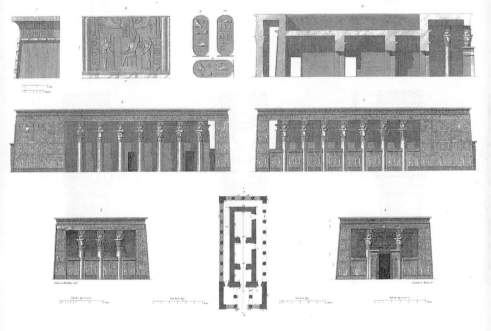

Plan, élévations, coupes et détails du temple de l'ouest.

Détails des chapiteaux du temple de l'ouest.

Bas-reliefs sculptés sous la galerie du temple de l'ouest.

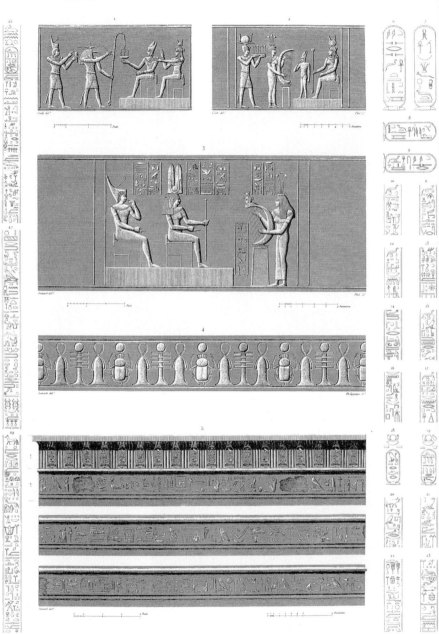

1 à 5 Bas-reliefs et autres sculptures du temple de l'ouest. 6 à 29 Détails d'hiéroglyphes du même temple.

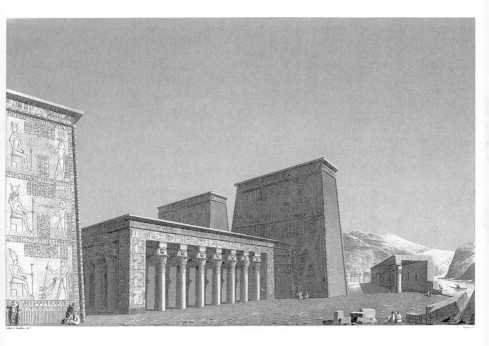

Vue perspective du temple de l'ouest et de plusieurs autres édifices.

Vue de l'édifice de l'est et de plusieurs monuments.

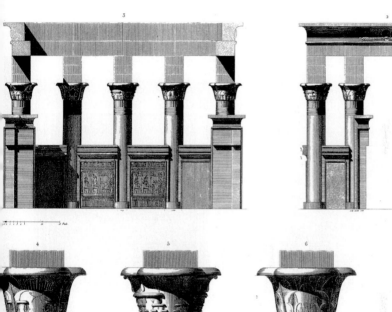

Plan, coupe, élévation et détails de trois chapiteaux de l'édifice de l'est.

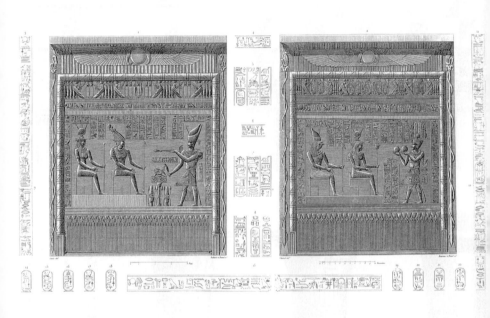

1.2 Décorations intérieures de deux murs d'entrecolonnement de l'édifice de l'est. 3 à 22 Détails d'hiéroglyphes.

Vue perspective de l'édifice de l'est.

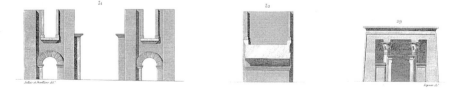

1 à 27 Détails de cœffures symboliques. 28.29 Plan et élévation d'un petit portique à l'est du grand temple. 30.31.32.33 Plan, élévation, coupe et vue perspective d'une construction romaine.

1.2.3 Vue et plans de la cataracte de Syène et des environs. 4 Vue des ruines d'Eléphantine.

Plan général de l'Île d'Eléphantine, de Syène, et des carrières de granit exploitées par les anciens égyptiens.

1 Vue de l'île et des environs. 2 Vue de Syène. 3 Vue d'un rocher de granit portant les traces de l'exploitation.

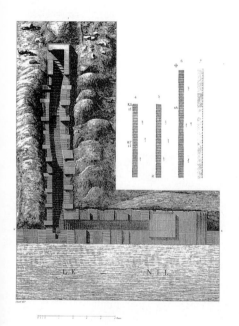

Plan, élévation, coupe et détails d'un nilomètre.

Vue du temple du sud.

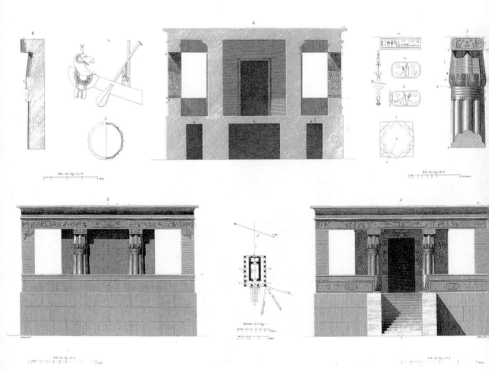

Plan, coupe, élévations, détails et bas-reliefs du temple du sud.

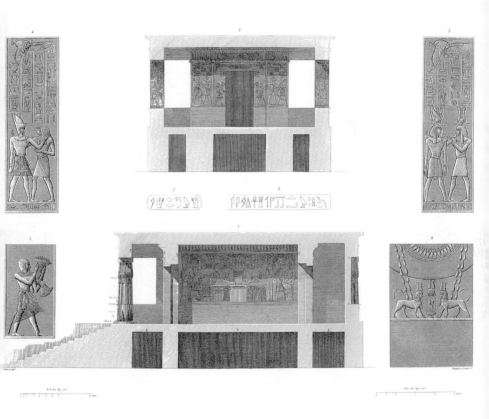

Bas-reliefs du temple du sud.

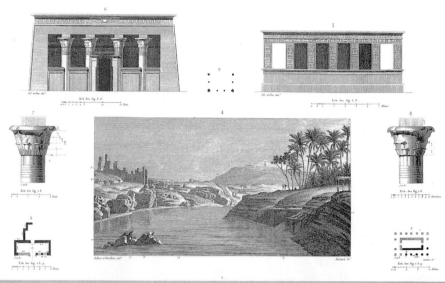

1 Vue perspective du temple du sud à Eléphantine. 2.3 Temple du nord. 4 Vue de l'île et des environs. 5.6.7.8 Plan, élévation et chapiteaux d'un temple à Syène. 9 Plan d'un édifice ruiné à Syène. **82 | 83**

Plan général des ruines et des environs.

Vue du grand temple.

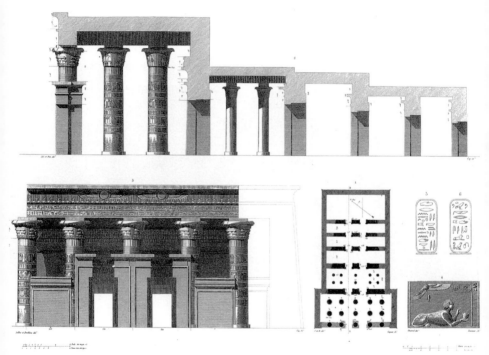

1.2.3 Plan, coupe et élévation du grand temple. 4 Bas-relief du même temple. 5.6 Détails d'hiéroglyphes.

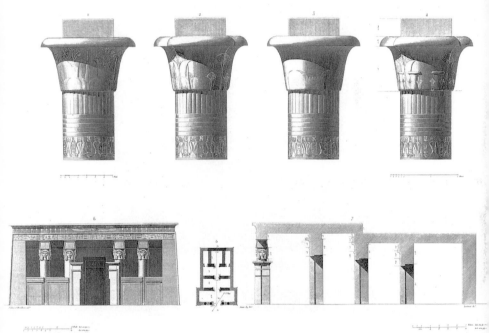

1.2.3.4 Chapiteaux du grand temple. 5.6.7 Plan, élévation et coupe du petit temple.

1 à 17 Inscriptions hiéroglyphiques. 18.19.20 Détails d'architecture et de bas-reliefs du portique du grand temple

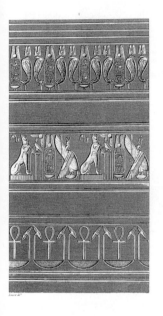

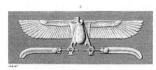

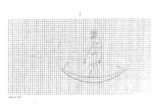

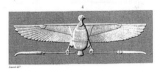

Sculptures et détails du grand temple.

1 à 5 Bas-reliefs du petit temple. 6 à 15 Cœffures symboliques. 14 Bas-relief des grottes de Selseleh.

Vue perspective des deux temples et de l'enceinte.

Vue des grottes taillées à l'entrée des anciennes carrières.

Vue générale.

Berthault Sc.

Vue du grand temple.

Duterbre et Rauyeron Sc.

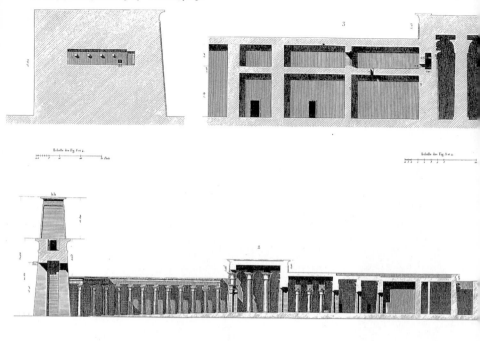

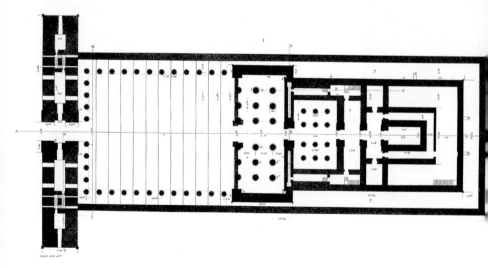

1.2 Plan et coupe générale du grand temple. 3.4 Détail des constructions intérieures.

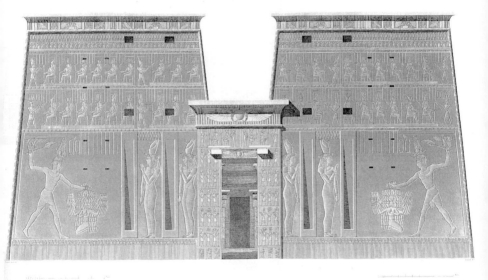

Elévation du pylône du grand temple.

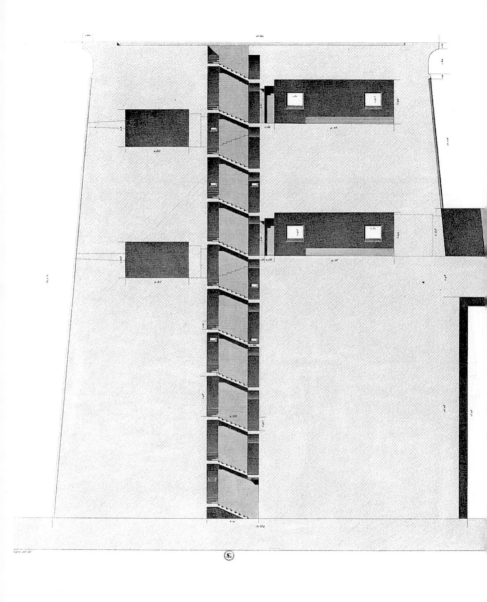

Coupe et élévation intérieure du pylône du grand temple.

Lepère Arch. del.

Elévation du portique du grand temple.

Louvel Sc.t

Coupe longitudinale du grand temple.

Vue de l'intérieur du portique du grand temple.

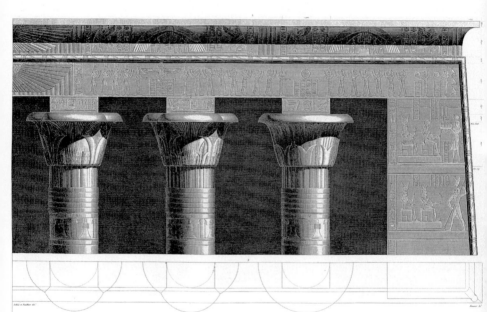

△ Détails d'architecture du grand temple.   ▷ Bas-relief et sculptures du grand temple.

▷▷ 1.2 Frises sculptées dans l'intérieur du portique du grand temple. 3.4 Autres sculptures du portique.

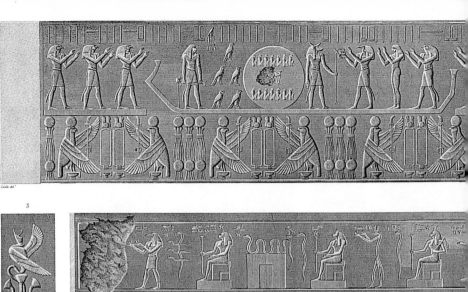

3

A

B

C

D

8

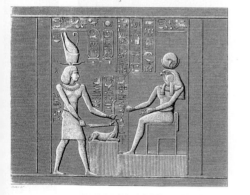

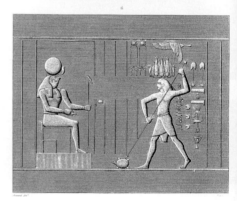

Bas-reliefs et détails du grand temple.

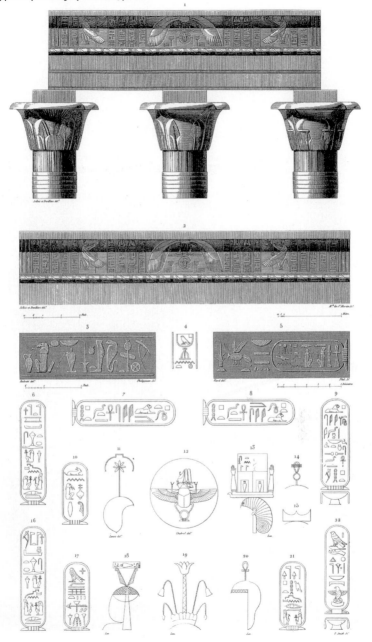

1.2.12 Détails d'architecture du grand temple. 3.5 Dés de chapiteaux du portique. 4.6.7 à 22 Détails d'hiéroglyphes et de cœffures symboliques.

Vue perspective du pylône et de la cour du grand temple.

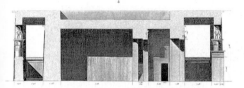

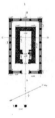

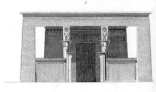

Plan, coupes et élévations du petit temple.

Frises et autres sculptures du petit temple.

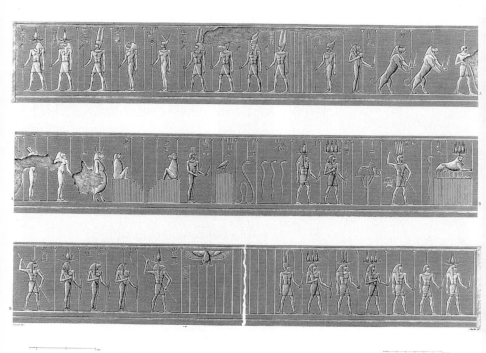

Frise sculptée sous la galerie nord du petit temple.

Vue perspective du petit temple.

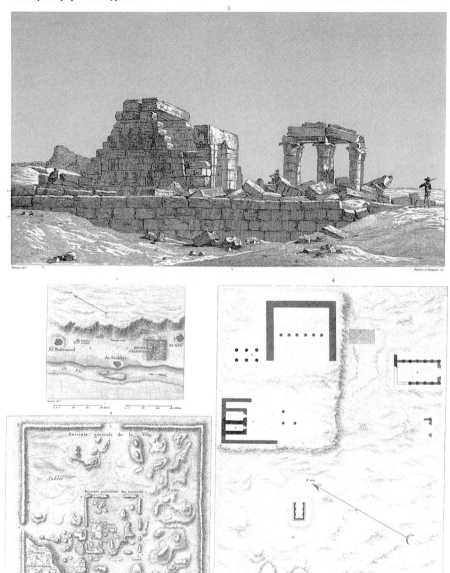

1.2 Plans des ruines et des environs. 3.4 Vue et plan particulier des édifices.

1 Vue de l'intérieur de la grotte principale. 2 Vue d'une ancienne carrière.

Bas-relief sculpté sur l'une des faces de la grotte principale.

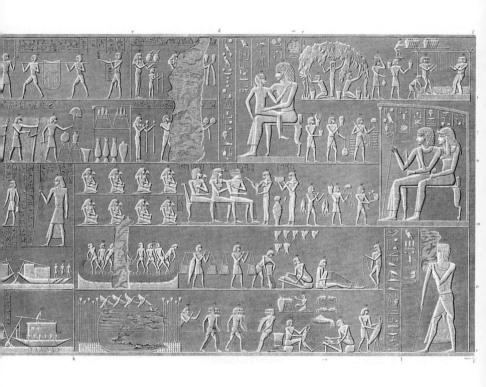

1.2.3.4 Bas-reliefs des grottes. 5.6.7 Fragments des statues trouvées dans les ruines de la ville.

Bas-reliefs de plusieurs grottes.

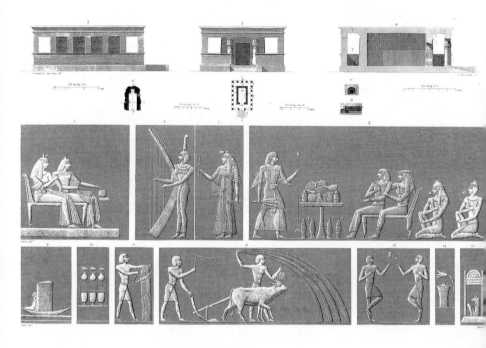

1.2.3.4 Plan, coupe et élévations d'un petit temple isolé. 5 à 15 Bas-reliefs des grottes. 16.17.18 Plans et coupes de la grotte principale.

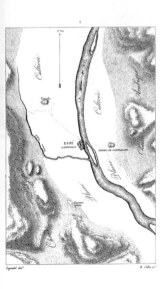

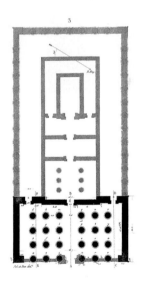

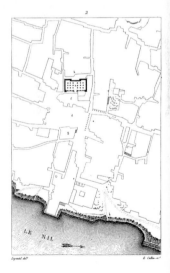

1.2 Plans des environs d'Esné et d'une partie de la ville. 3 Plan du temple. 4 Coupe du portique.

Elévation du portique.

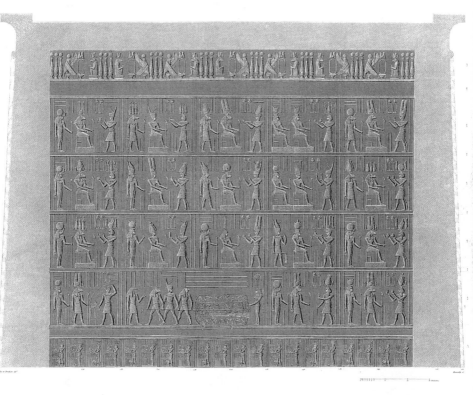

Face latérale de l'intérieur du portique.

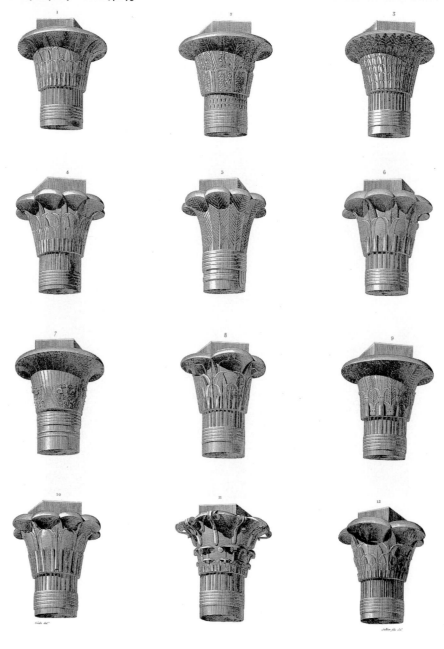

Vues de douze chapiteaux du portique.

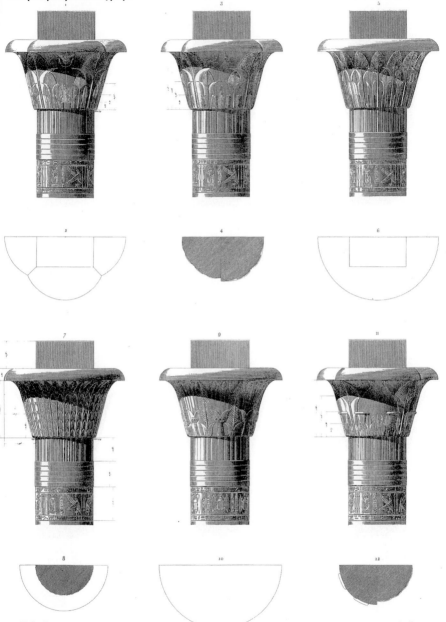

Plans et élévations de six chapiteaux du portique.

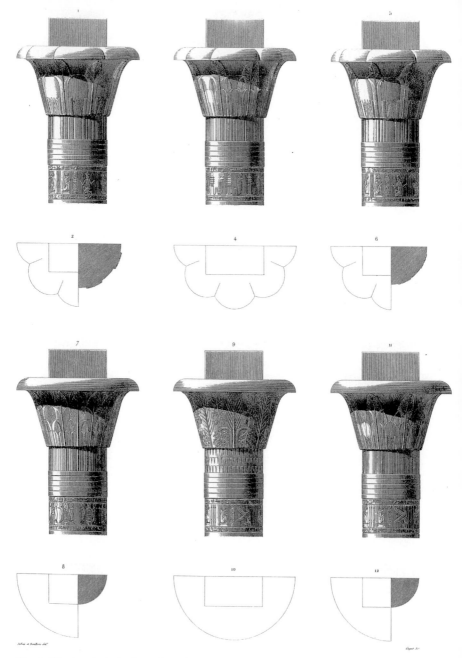

Plans et élévations de six chapiteaux du portique.

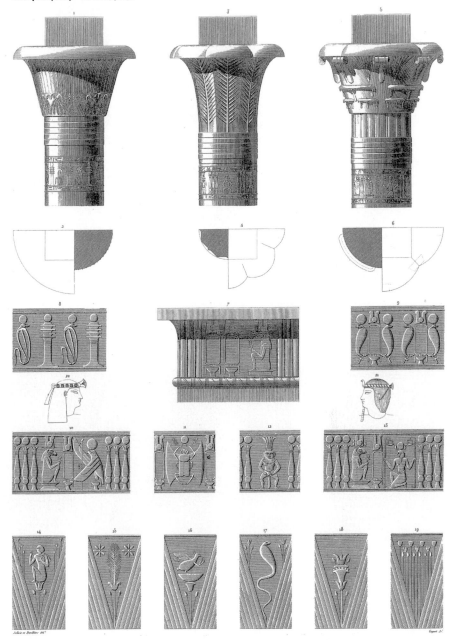

1 à 6 Plans et élévations de trois chapiteaux du portique. 7 Corniche de l'intérieur du portique.
8 à 19 Décorations de colonnes. 20.21 Détails de cœffures.

Zodiaque sculpté au plafond du portique.

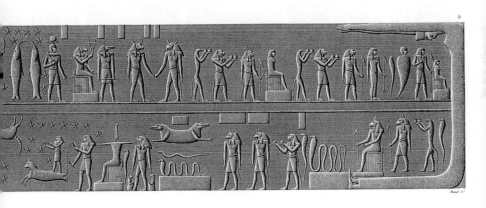

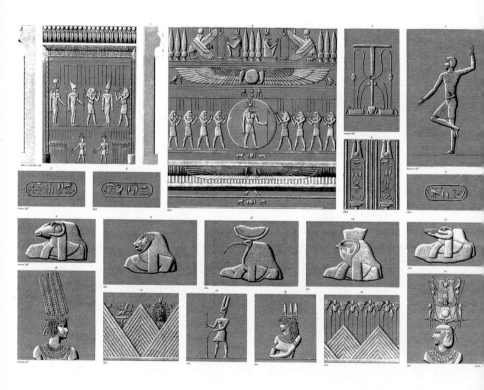

Détails d'architecture, bas-reliefs et inscriptions hiéroglyphiques du portique.

H. J. Redouté del.ᵗ   Ⓢ   Philippeaux Sc.ᵗ

Décoration intérieure d'un mur d'entrecolonnement du portique.   **134 | 135**

1

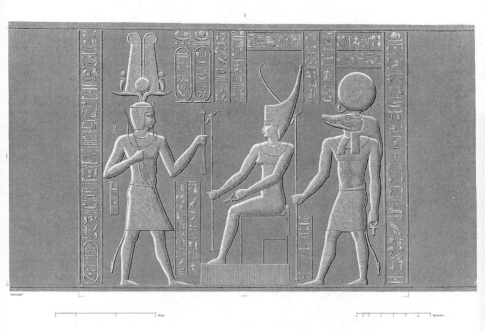

2

3

Bas-relief du portique.

Vue perspective de l'intérieur du portique.

1 Vue d'un temple à Contralato. 2 Vue du temple au nord d'Esné.

Plan, coupe, élévation et détails du temple au nord d'Esné.

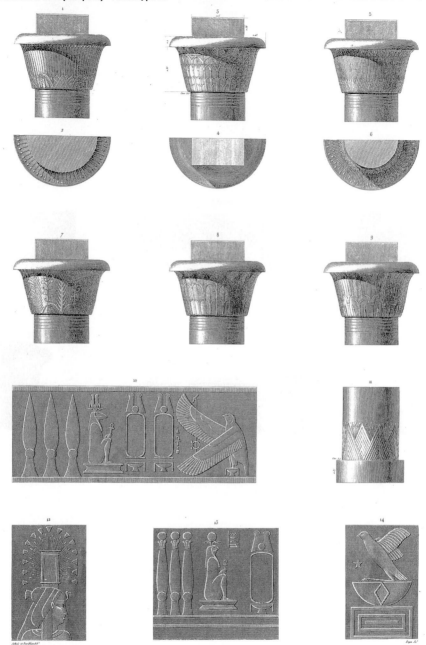

Détails d'architecture et bas-reliefs du temple au nord d'Esné.

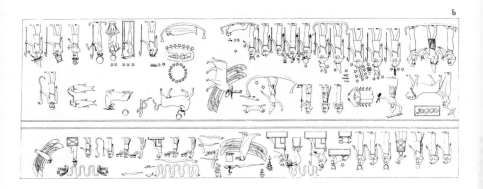

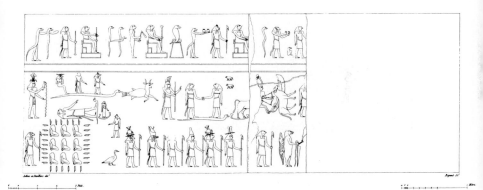

Zodiaque sculpté au plafond du temple au nord d'Esné.

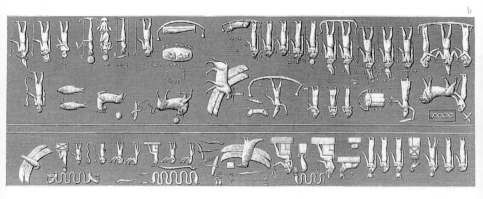

Zodiaque sculpté au plafond du temple au nord d'Esné.

Vue perspective du temple au nord d'Esné.

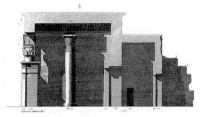

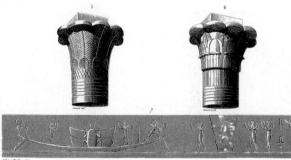

Plan, coupe, élévation et détails d'un temple à Contralato.

Environs d'Esné (Contralato) – A. vol. I, pl. 90

Erment (Hermonthis) – A. vol. I, pl. 91

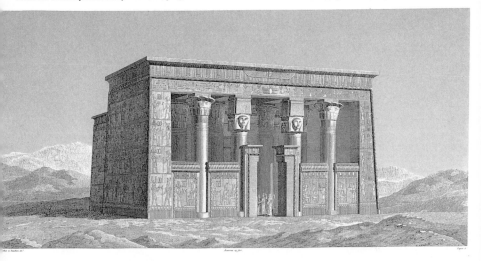

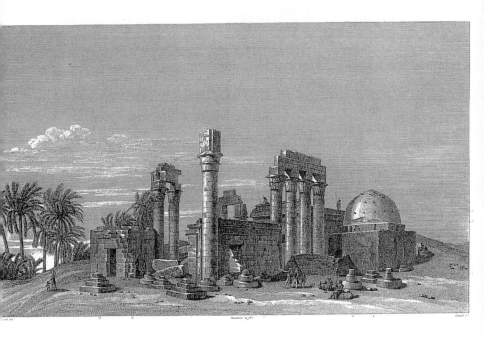

1 Vue perspective d'un temple à Contralato. 2 Vue du temple prise au sud-ouest.

Vue du temple prise à l'ouest.

Vue du temple prise au nord-ouest.

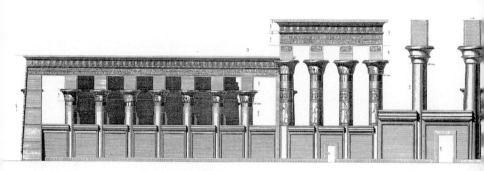

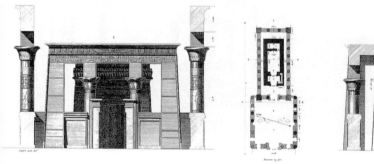

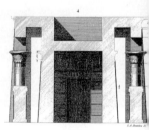

Plan, coupe et élévations du temple.

Bas-reliefs de l'intérieur et de l'extérieur du temple.

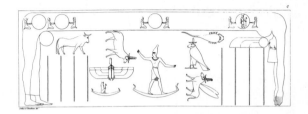

Bas-relief astronomique sculpté au plafond du sanctuaire du temple.

Thèbes - VOL.I

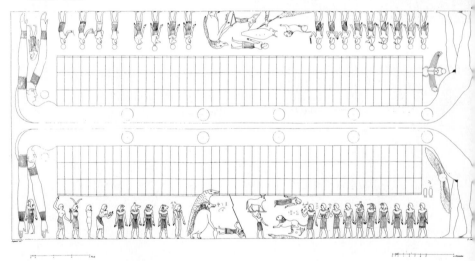

Tableau astronomique peint au plafond de l'un des tombeaux des rois.

Bas-reliefs sculptés dans le sanctuaire du temple.

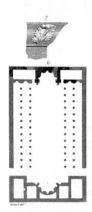

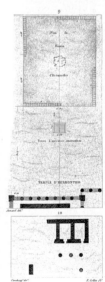

1.2.3.4 Bas-reliefs du temple d'Erment. 5.6.7 Vue, plan et détail d'un édifice bâti des débris du temple. 8 9 Plan général des ruines et d'un bassin antique. 10 Plan des restes d'un édifice à Tôd.

Volume II

Thèbes, Medynet-About

Thèbes, Memnonium

Thèbes, Qournah

Thèbes, Hypogées

Thèbes, Bybân el Molouk
(Vallée des rois)

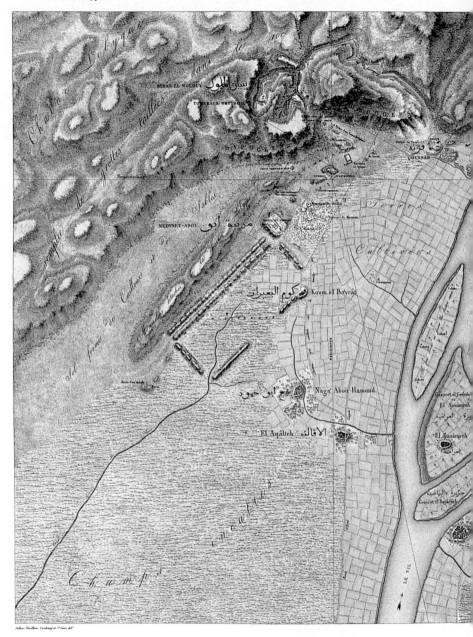

Plan général de la portion de la vallée du Nil qui comprend les ruines.

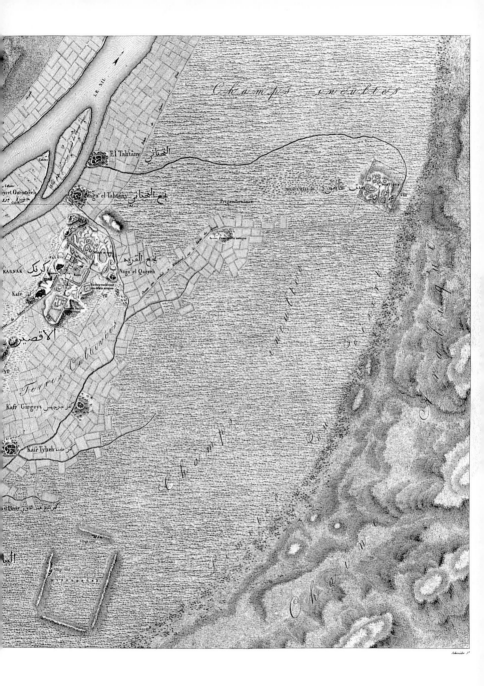

Chaïps incultes

LE NIL

El Tahtâny الحتاني

yret Ourmarcyeh

Naga' el Tahtâny نجع الحتاني

Prependerulaire

MAAVROU اشف عامود ur

KARNAK كرنك

Kafr

Naga' el Qaryeh نجع القرية

des débris antiques

الأقصين

VI

Terres Cultivees

Kafr Girgeys جرجس

Kafr Tybeh كفر طيبه

el Olvar

البي

Champs

incultes

de la plaine

Chaïne Arabique

C h a m p s

Champ

incultes

Chaïne

Schneider sc.

Plan topographique des ruines et des environs.

Vue des propylées du temple et du pavillon, prise du côté du sud.

Lienard Sc.

1.4 Plan et coupe longitudinale du temple et de ses propylées. 2.3 Plan et coupe longitudinale du palais. 5 Plan du pavillon.

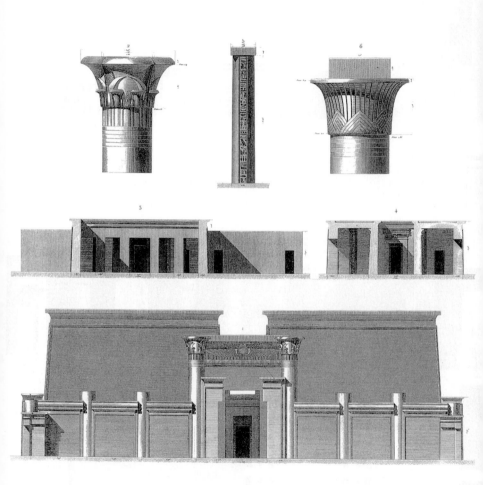

1.2.3.4.5 Elévation et chapiteau des propylées, coupes transversales et détail d'une colonne du temple. 6 Détail du chapiteau des colonnes de la cour du palais.

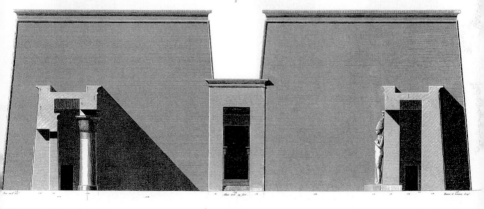

Coupes transversales de la cour et du péristyle du palais.

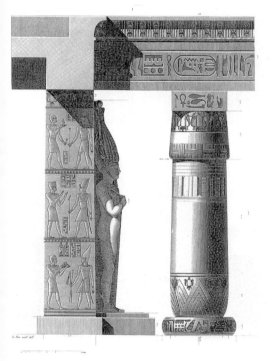

Détails d'un pilier caryatide et d'une colonne du péristyle du palais.

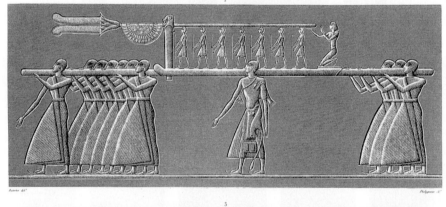

1 Bas-relief sculpté sur la face extérieure du palais exposée au nord. 2 Bas-relief de la galerie-sud du péristyle du palais. 3.4 Fragments trouvés sous le premier pylône des propylées du temple.

Combat naval sculpté sur la face extérieure du palais exposée au nord.

Lancret del.t

A

Sellois et Devilliers del.t

B

Sellois et Devilliers del.t

Ⓢ

Bas-relief colorié, sculpté dans la galerie du sud du péristyle du palais.

Philippeaux sc.

Bas-reliefs sculptés dans les galeries est et sud du péristyle du palais.

Vue intérieure du péristyle du palais.

Vue du pavillon prise au nord du temple.

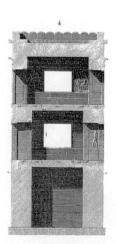

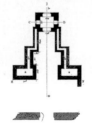

Plan, élévation, coupes et détails de bas-reliefs du pavillon.

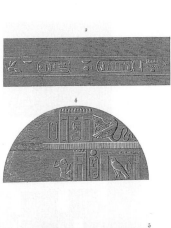

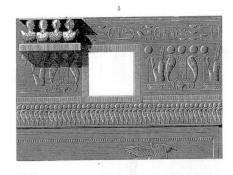

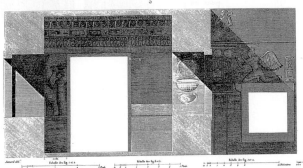

1 Coupe du second étage du pavillon. 2.3.4.5.6.7 Détails de coupes et de sculptures du pavillon. **178 | 179**

1.2.3 Plan, élévation et coupe d'un temple situé à l'angle sud-est de l'enceinte. 4.5.6.7.8 Plan, élévation, coupes et bas-relief d'un temple au sud de l'hippodrome. 9 Porte située en avant du temple.

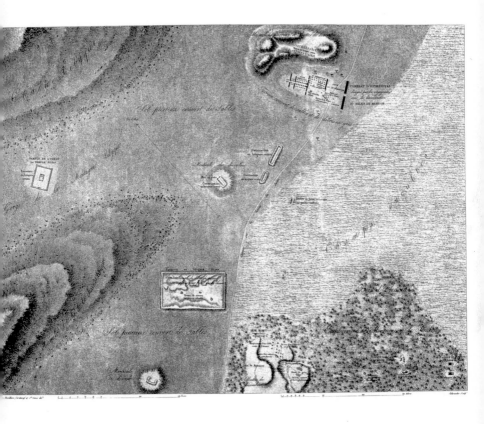

Plan topographique du tombeau d'Osymandyas, des deux colosses de la plaine et des ruines environnantes.

Vue des deux colosses.

Détails du colosse du sud.

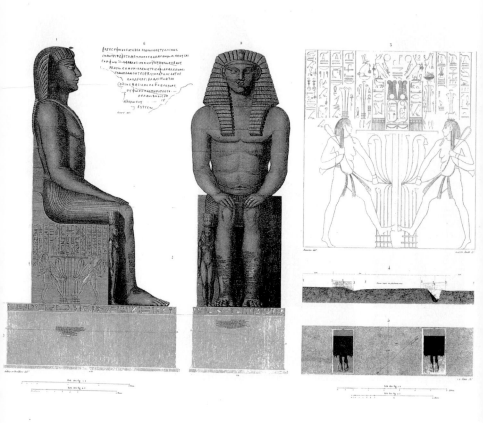

Détails de la statue colossale de Memnon.

Vue générale du tombeau d'Osymandyas et d'une partie de la plaine de Thèbes, prise du nord-ouest.

Vue générale du tombeau d'Osymandyas, prise du sud-ouest.

Vue du péristyle du tombeau et des débris de la statue colossale d'Osymandyas, prise de l'ouest.

Vue du tombeau d'Osymandyas et d'une partie de la chaîne libyque, prise du nord-est.

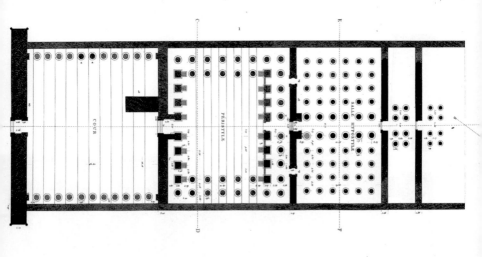

Plan et coupe du tombeau d'Osymandyas.

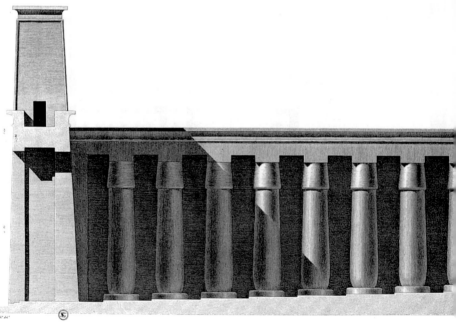

Coupe longitudinale du tombeau d'Osymandyas.

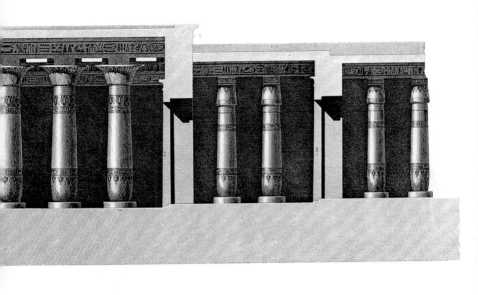

1.2 Coupes transversales du péristyle et de la salle hypostyle du tombeau d'Osymandyas.

Détails des chapiteaux de la salle hypostyle, d'un pilier-caryatide et de l'entablement du péristyle du tombeau d'Osymandyas.

Bas-reliefs sculptés dans la salle hypostyle et sur le premier pylône du tombeau d'Osymandyas.

1.2.3.4.5.6.7 Détails de chars sculptés sur le 1er pylône et tête de l'une des statues du tombeau d'Osymandyas. 8 Débris du pied gauche de la statue colossale d'Osymandyas.

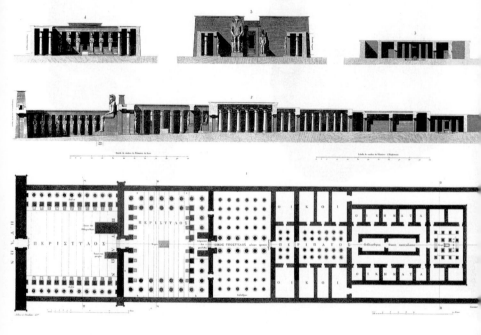

Plan et coupes du tombeau d'Osymandyas restauré d'après Diodore de Sicile.

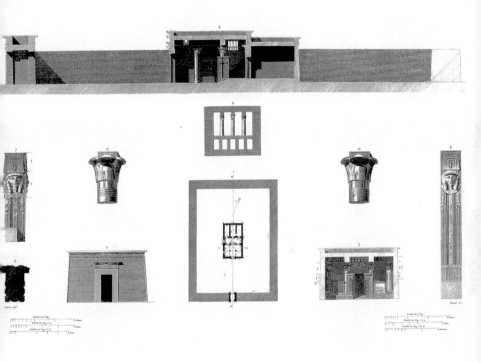

Plan, élévation, coupes et détails de chapiteaux et de pilastres du temple de l'ouest.

Bas-reliefs du temple de l'ouest et d'une grotte voisine.

Pilastre et bas-reliefs du temple de l'ouest.

Vue perspective intérieure coloriée du temple de l'ouest.

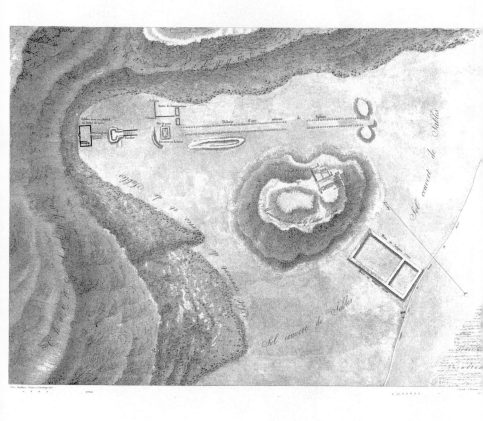

Plan topographique des divers monuments situés au nord du tombeau d'Osymandyas.

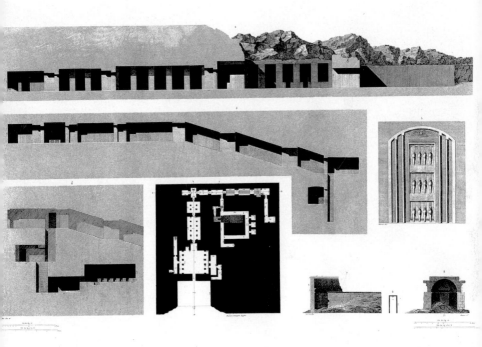

1.2.3.4 Plan et coupes d'un grand hypogée ou syringe. 5 Détail des sculptures d'un autre hypogée.
6.7.8 Plan et coupes d'un édifice avant un plafond en forme de voûte.

Plan topographique des ruines et des environs.

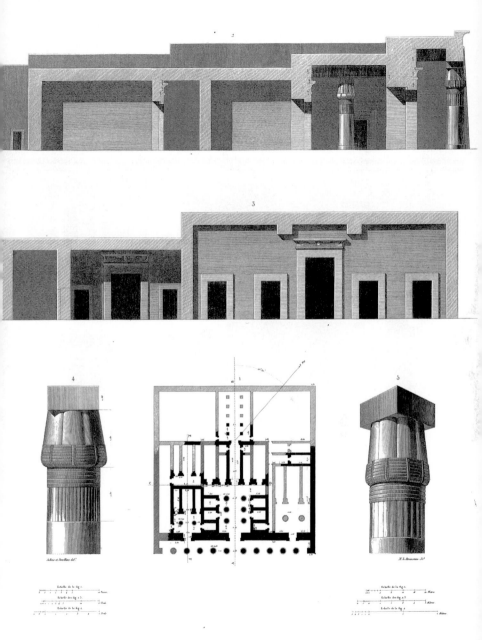

Plan, coupes et détails de chapiteaux du palais.

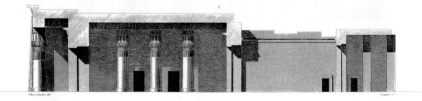

Elévation et coupe longitudinale du palais.

Vue perspective du palais.

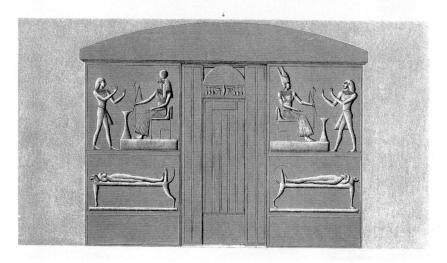

Peintures et bas-reliefs coloriés.

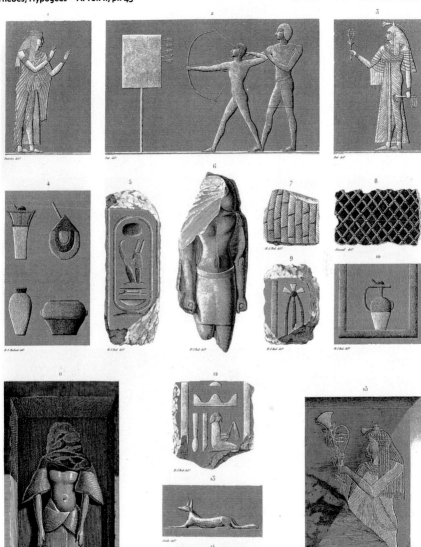

Divers bas-reliefs et fragments.

Fragments en pierre et en bois peint, bas-reliefs coloriés et peintures diverses.

1.3.5.9 Fragments coloriés. 2.4 Bras et bandelette de momie. 6.7.8 Briques portant des hiéroglyphes imprimés.

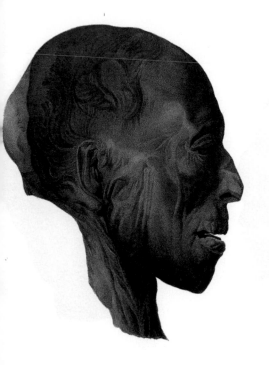

Profil et face d'une tête de momie d'homme.

Profil et face d'une tête de momie de femme.

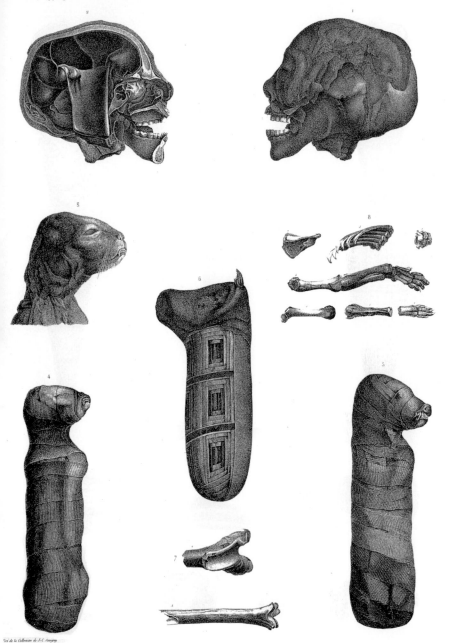

1.2 Momie de femme. 3 à 8 Momies de chat et autres mammifères.

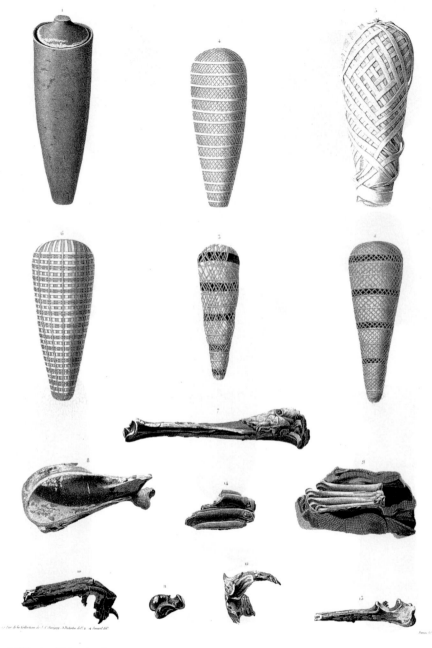

1 à 6 Momies d'ibis. 7 à 13 Fragments de momies de chacal qui ont été dorées. 14 Fragment de l'enveloppe des doigts d'une momie.

Momies d'oiseaux.

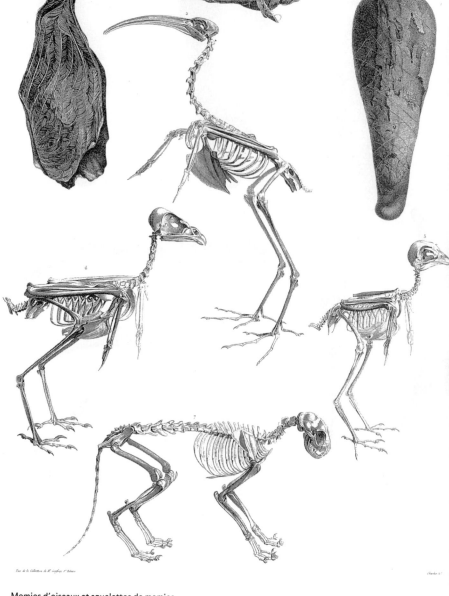

Momies d'oiseaux et squelettes de momies.

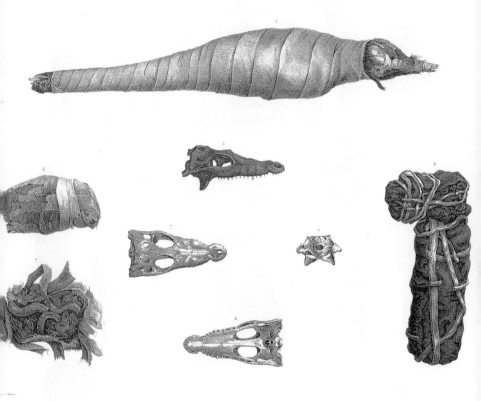

Momies et détails de crocodile, de serpent et de chien.

Peintures d'enveloppes de momies, et divers fragments en bois peint, en pierre et en bronze.

1.2 Tenons en bois. 3 à 9 Fragments d'enveloppe de momie et autres antiques.

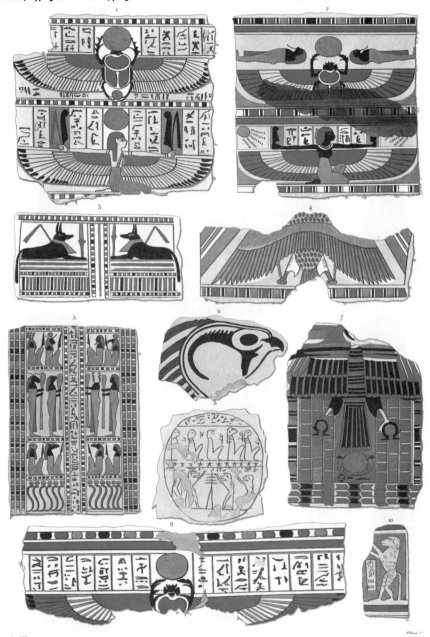

Peintures dessinées d'après des enveloppes de momies.

1.2.3.6.7.8 Peintures dessinées d'après des enveloppes de momies. 4.5 Détails d'une frange et d'une toile rayée, trouvées sur des momies.

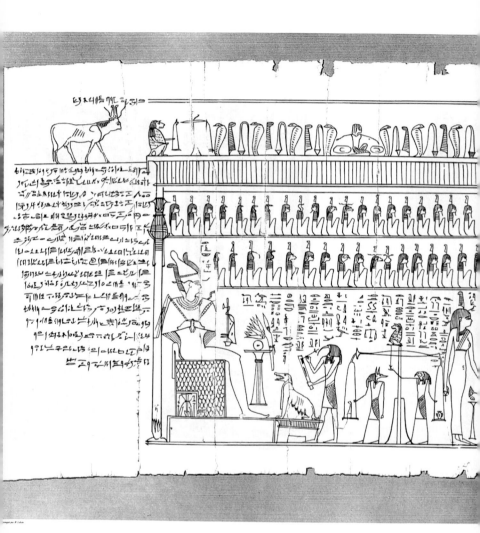

Manuscrit sur papyrus.

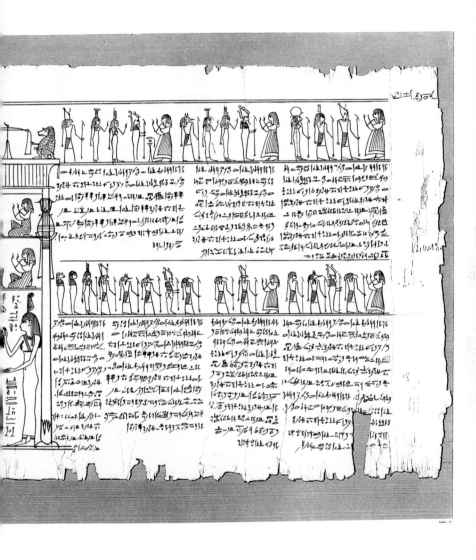

Manuscrit sur papyrus. 1re partie.

Manuscrit sur papyrus. 2e partie.

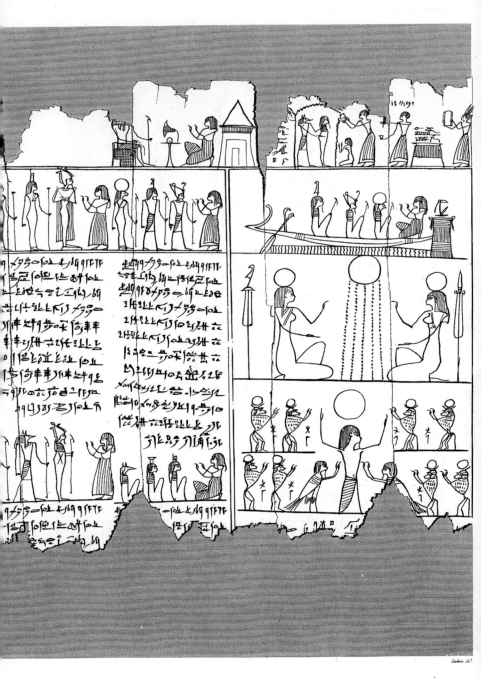

Leclère Sc.

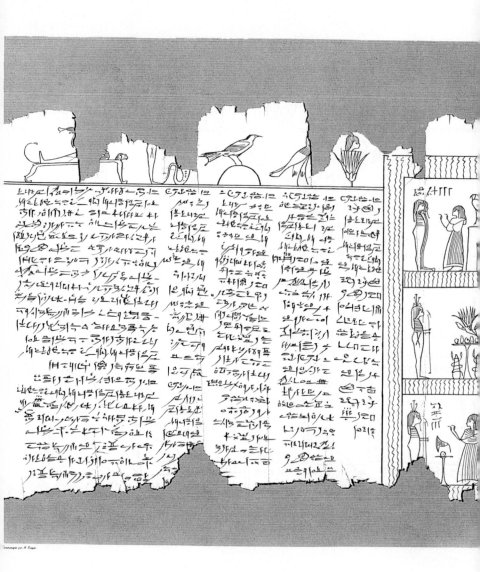

Manuscrit sur papyrus. 4e partie.

Communiqué par M.r Passper.

Manuscrit sur papyrus. 5e partie.

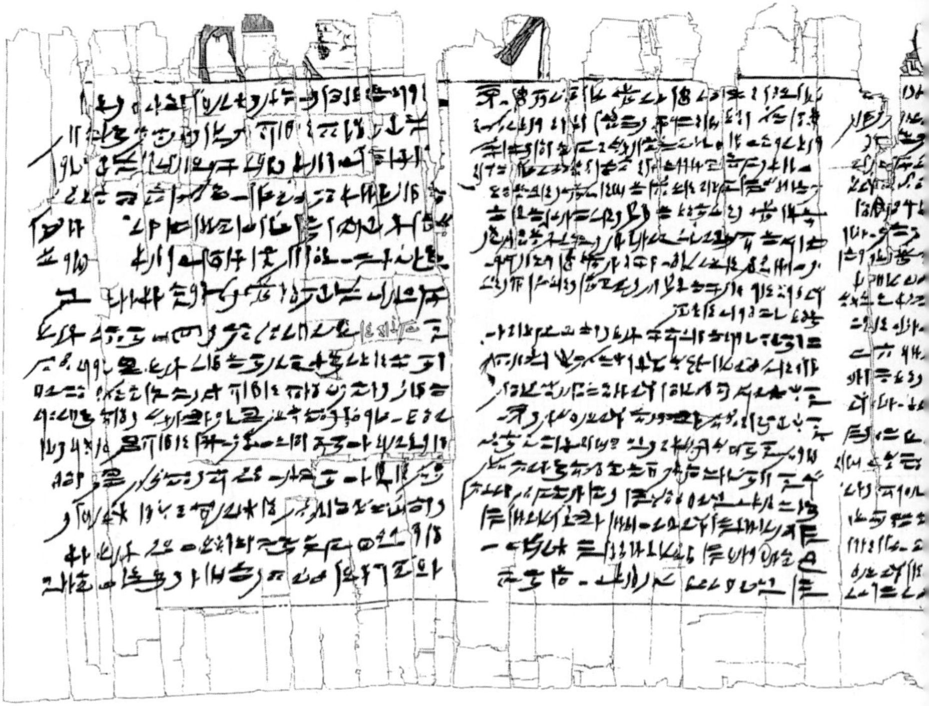

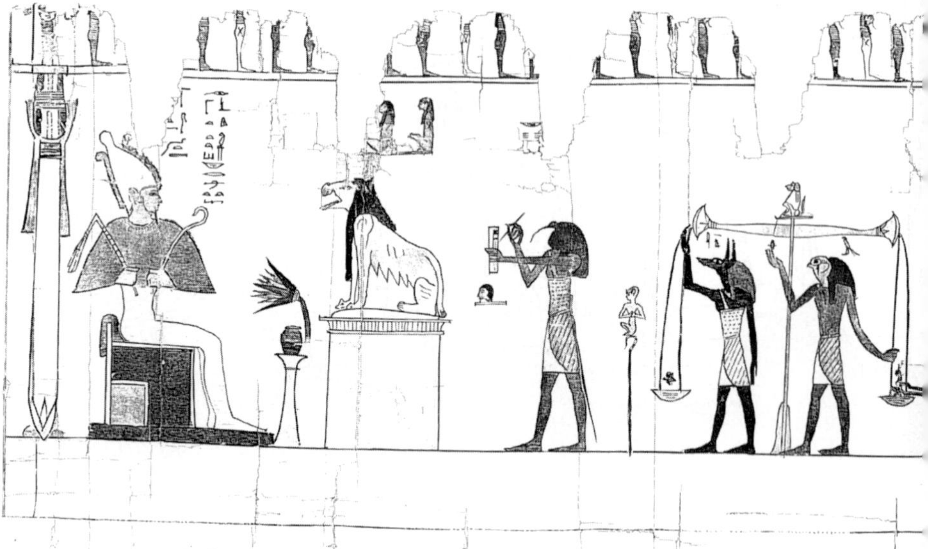

Communiqué par la Bibliothèque Impériale

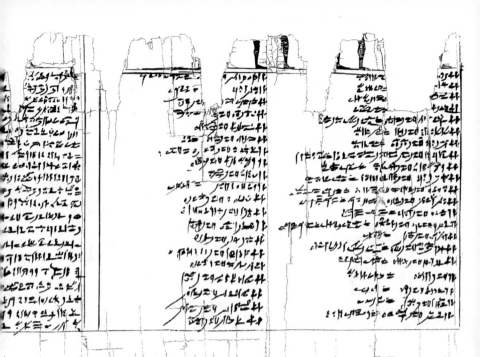

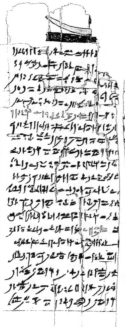
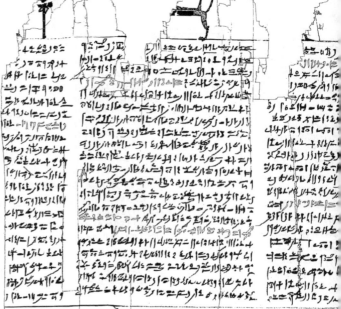

Manuscrits sur papyrus.

Manuscrit sur papyrus.

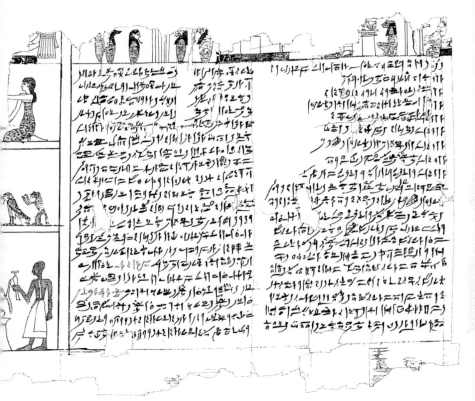

Manuscrit sur papyrus.

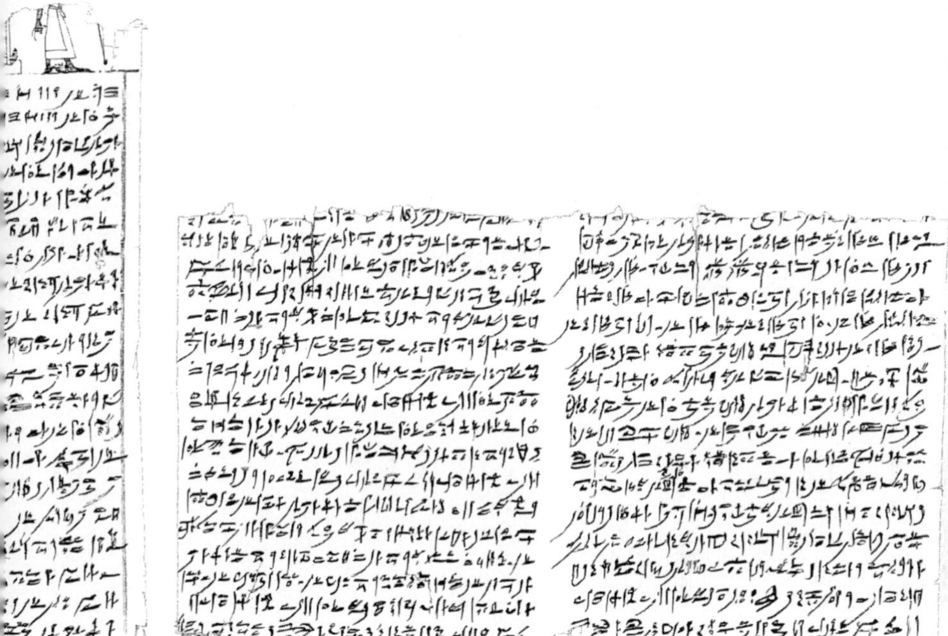

Leclere Sc.

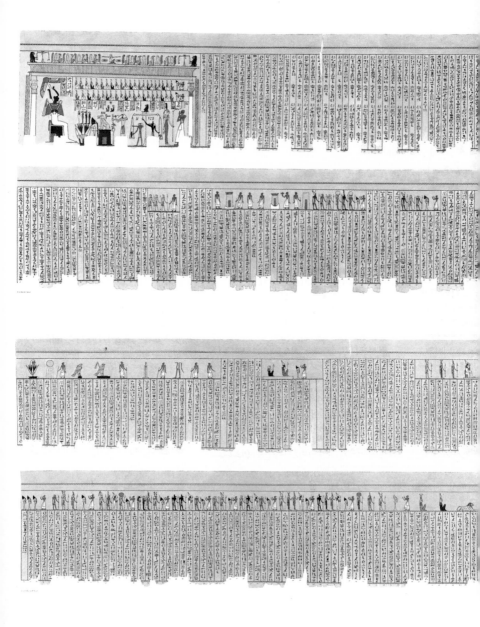

Manuscrit sur papyrus en caractères hiéroglyphiques, en quatre parties.

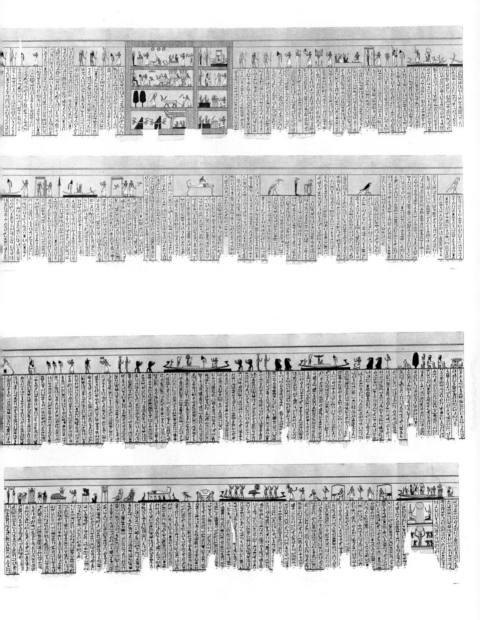

Idoles et fragments en bois de sycomore peints de diverses couleurs.

Plan topographique de l'extrémité de la vallée des tombeaux des rois.

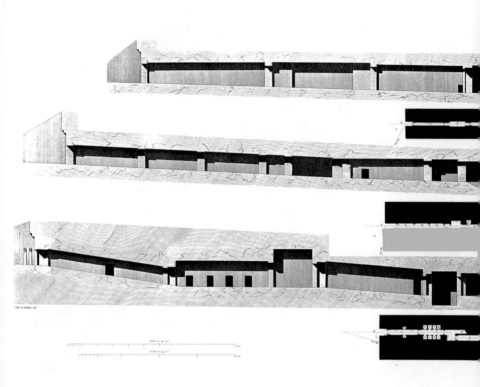

1.2 Plan et coupe du quatrième tombeau des rois à l'ouest. 3.4 Plan et coupe du cinquième tombeau à l'ouest.
5.6 Plan et coupe du cinquième tombeau à l'est.

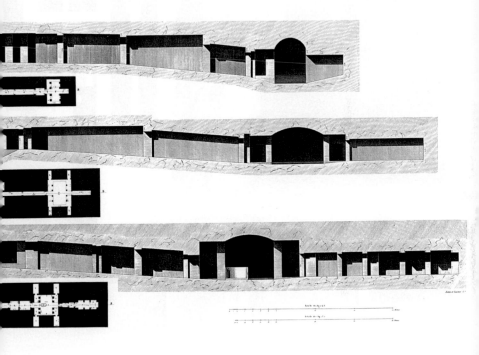

▷▷ 1.2.4.6 Plans des 3e, 4e, 2e et 1er tombeaux des rois à l'est. 3 Plan du 3e tombeau à l'ouest.
5 Plan du tombeau isolé de l'ouest. 7 à 12 Plan, coupe et détails de l'entrée et du sarcophage du 2e
tombeau à l'ouest. 15.16 Plan et coupe du 6e tombeau à l'ouest.

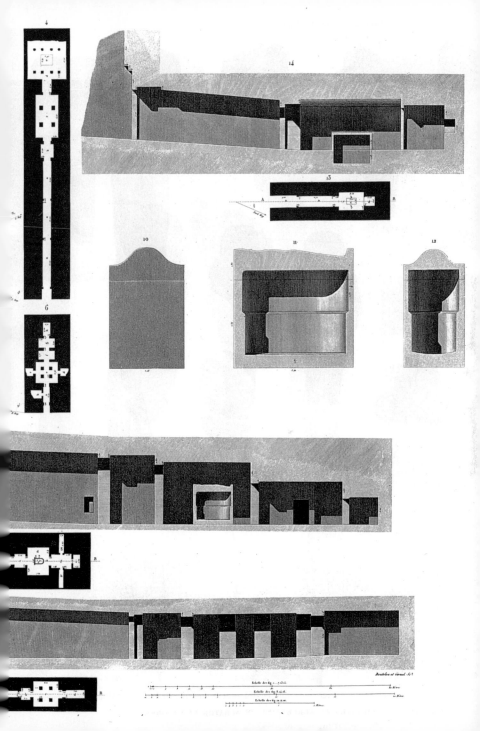

Bouclon et Girard del.

Echelle des fig. 1. 2. 3. 4. 5.

Echelle des fig. 6. 7. 8. 9.

Echelle des fig. 10. 11. 12.

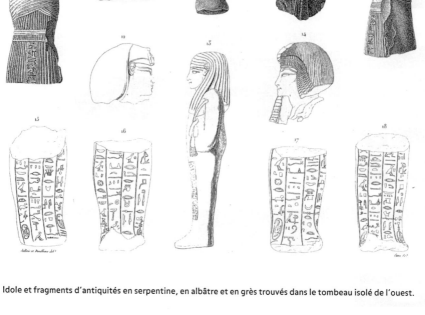

Idole et fragments d'antiquités en serpentine, en albâtre et en grès trouvés dans le tombeau isolé de l'ouest.

1 à 6 Statues et fragments de granit noir et de granit rouge trouvés dans les tombeaux des rois à l'ouest. 7 à 15 Couvercles de vases trouvés dans les hypogées.

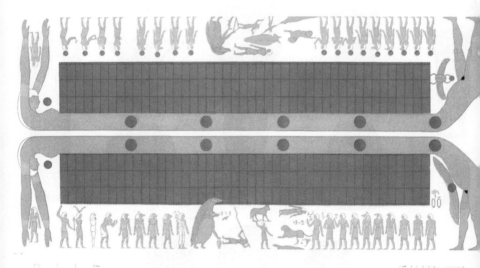

Tableau astronomique peint au plafond du 1er tombeau des rois à l'ouest.

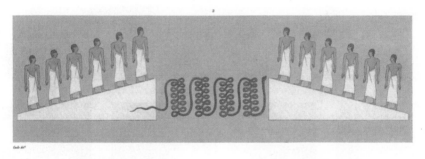

1 Tableau peint à l'entrée du 5e tombeau des rois à l'ouest. 2 à 7 Autres peintures de tombeaux.

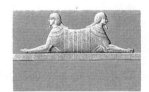

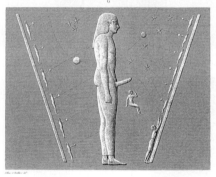

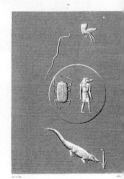

1 à 6 Bas-reliefs sculptés et peints dans les 5e et 4e tombeaux des rois à l'ouest. 7 Bas-reliefs du 5e tombeau à l'est.

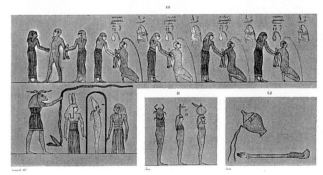

1.2.3.5.6.10 à 13 Peintures recueillies dans le 5e tombeau des rois à l'est. 4.7.8.9 Autres peintures des tombeaux.

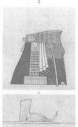

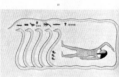

Sujets mystérieux et détails de costumes, peints dans le 5e tombeau des rois à l'est et dans d'autres tombeaux.

1 à 6 Peintures du 5e tombeau des rois à l'est. 7 Bas-relief de l'entrée du même tombeau.

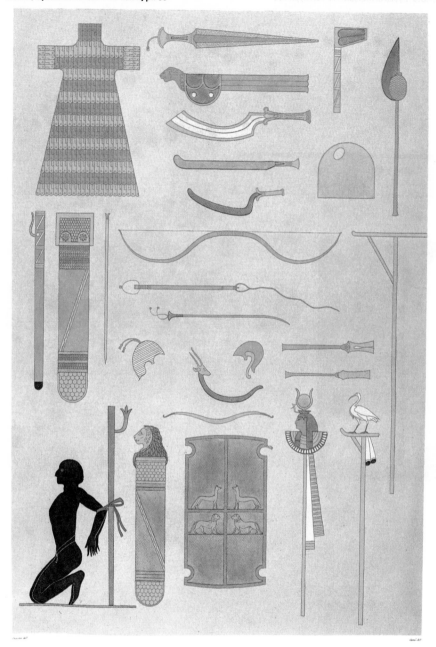

Enseignes, armes et instruments peints dans le 5e tombeau des rois à l'est.

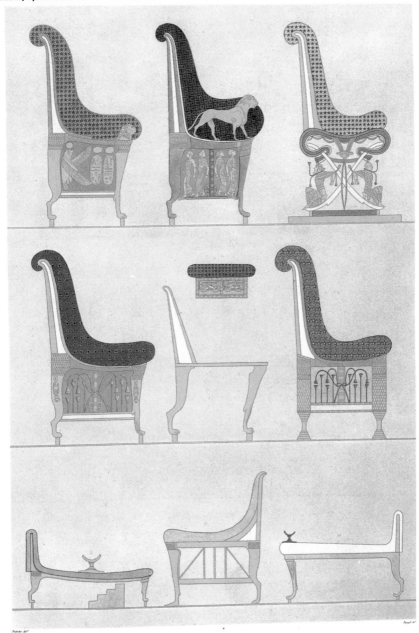

Divers sièges et fauteuils peints dans le 5e tombeau des rois à l'est.

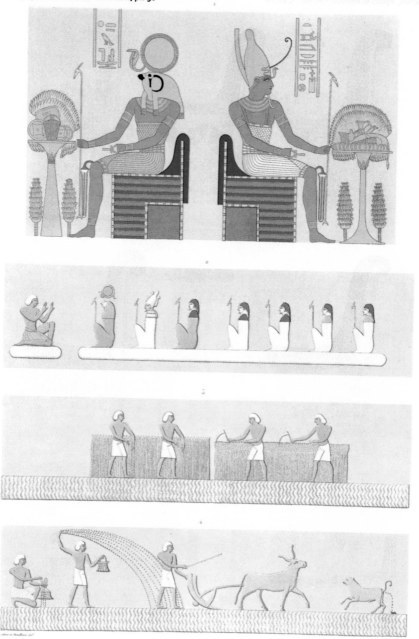

Tableau peint sur le fond de la salle des harpes dans le 5e tombeau des rois à l'est. 2.3.4 Peinture de l'une des salles du même tombeau.

1.2 Tableaux de la salle des harpes dans le 5e tombeau des rois à l'est. 3 à 8 Peintures des tombeaux. **268 | 269**

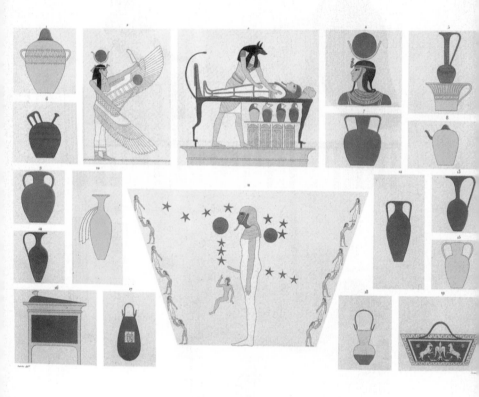

Vases, meubles et sujets divers peints dans les tombeaux des rois.

VOLUME III

Plan topographique des ruines.

Vue générale prise d'une île en face des ruines du palais.

Berthault sc.

Vue de l'entrée du palais.

Vue particulière du palais prise du sud.

Reville Sc.

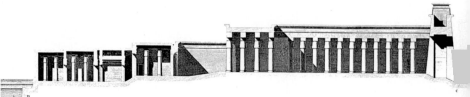

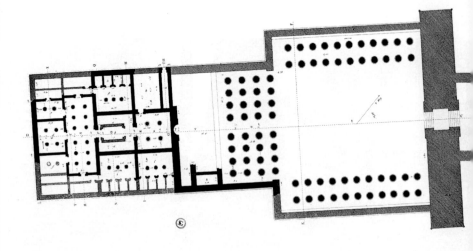

Plan et coupe longitudinale du palais.

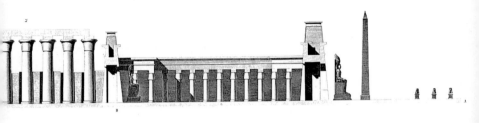

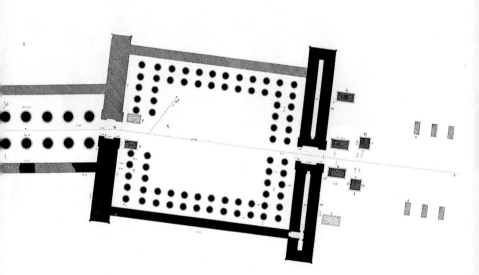

Elévation de la façade du palais.

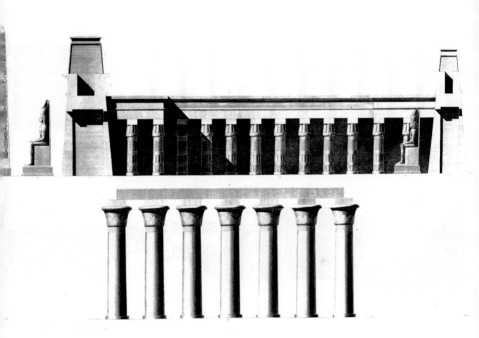

Première et seconde parties de la coupe longitudinale du palais.

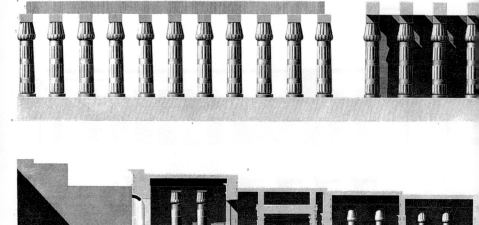

Troisième et quatrième parties de la coupe longitudinale du palais.

1.2.3 Coupes transversales du palais. 4.5.6.7 Détails recueillis dans les salles intérieures.

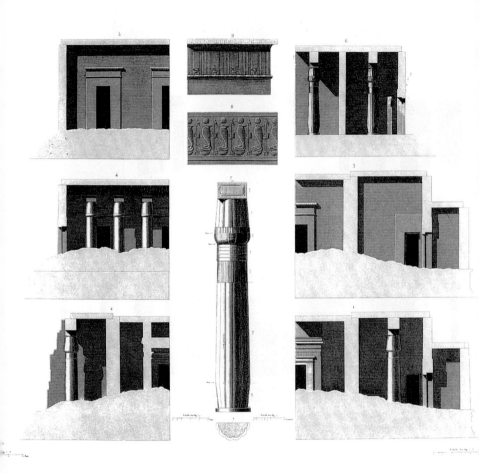

1.2.3.4.5.6 Suite des coupes transversales. 7.8.9 Détails d'une colonne, d'une frise et d'une corniche du palais.

Détails des trois faces de l'obélisque oriental du palais.

Détails des trois faces de l'obélisque occidental du palais.

Détails des colosses oriental et occidental placés près de la porte du palais.

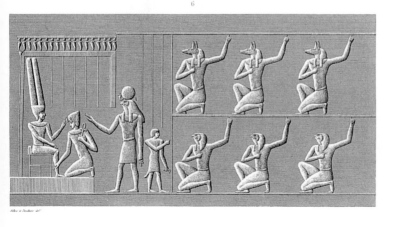

Bas-reliefs recueillis sur les murs intérieurs et extérieurs du palais.

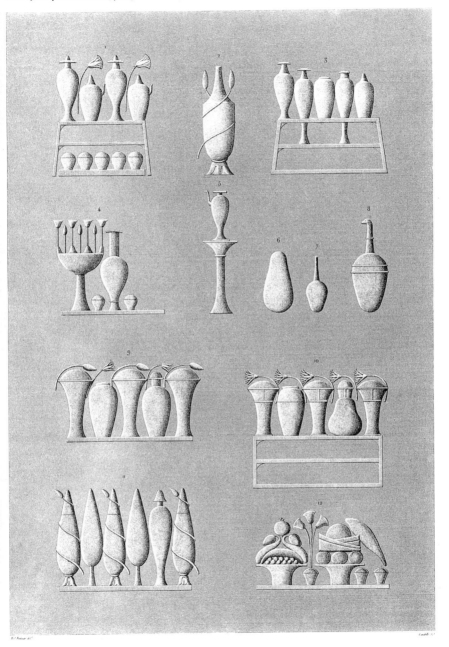

Divers vases sculptés sur les murs du palais.

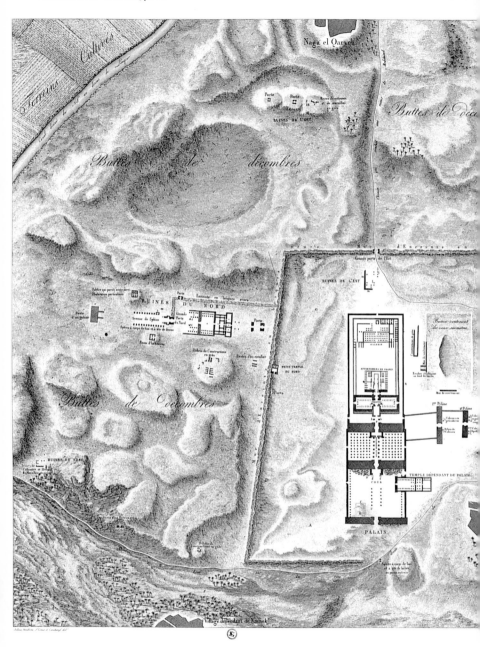

Plan topographique de Karnak, Karnak nord et Karnak sud.

Vue générale des ruines du palais, prise du nord-ouest.

Vue des ruines de la salle hypostyle et des appartements de granit du palais.

Berthault sc.

Vue du palais prise de l'intérieur de la cour.

Vue d'un colosse placé à l'entrée de la salle hypostyle du palais.

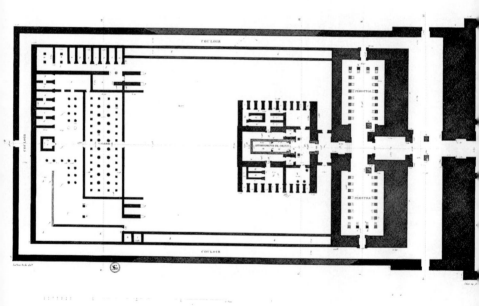

1.2.3 Plan, coupe générale et élévation du palais. 4 Plan d'un petit temple, près de l'enceinte du palais.

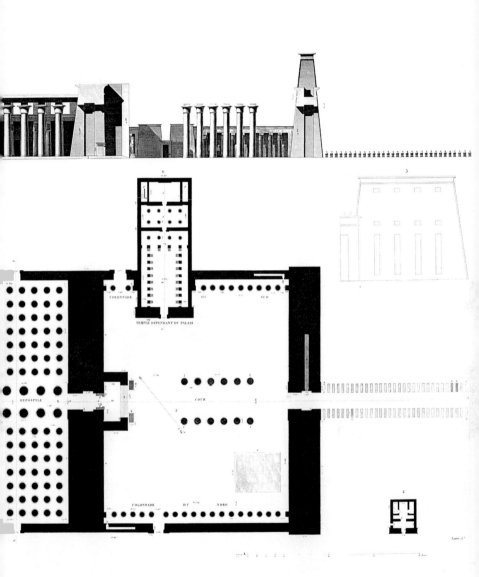

Première partie de la coupe longitudinale du palais.

Deuxième partie de la coupe longitudinale du palais.

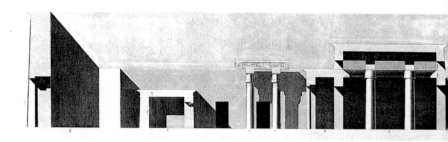

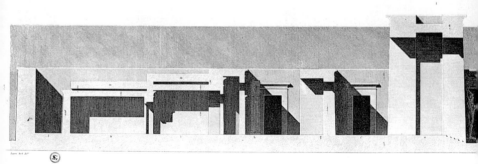

Troisième et quatrième parties de la coupe longitudinale du palais.

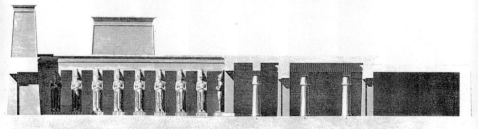

Vue intérieure du grand temple du sud. 2 Coupe longitudinale du temple dépendant du palais.

Coupe transversale de la salle hypostyle du palais.

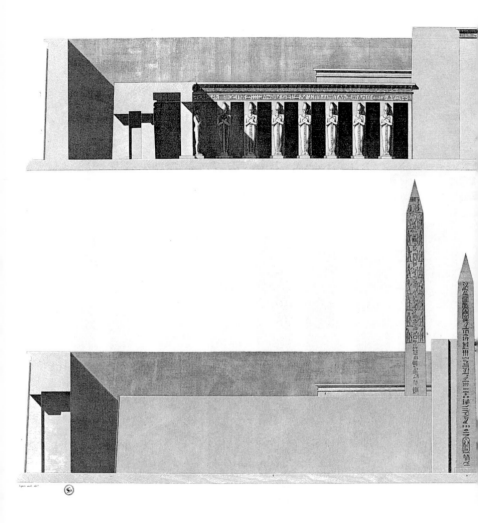

1 Coupe transversale du péristyle du palais. 2 Coupe transversale du palais prise en avant des obélisques.

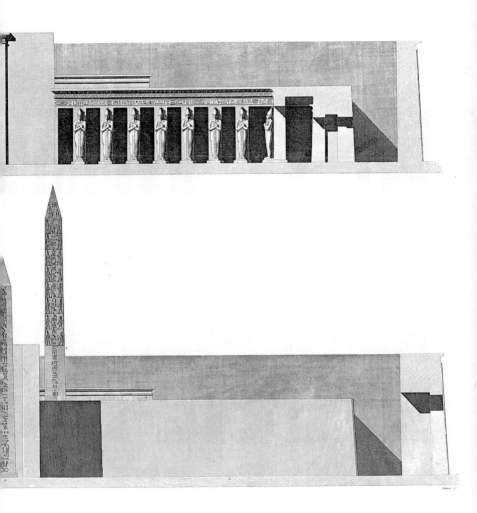

Coupes transversales en avant des appartements de granit et dans la galerie du palais.

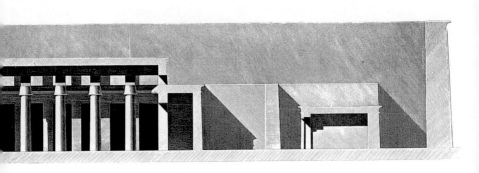

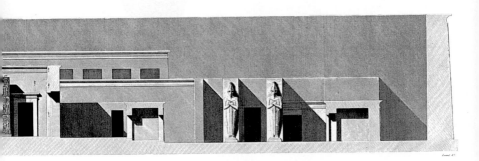

1.2.3 Vue et détails de l'un des sphinx placés à l'entrée principale du palais. 4 Détail de l'un des sphinx de l'allée du sud. 5 Petit torse en granit trouvé près de la porte du sud.

1 Détail des piliers caryatides du temple dépendant du palais. 2.3.4.5.6.7.8 Détails des colonnes de la salle hypostyle et de la galerie du grand obélisque et des stèles du palais.

Vues d'un bloc en granit orné de six figures, trouvé près de la galerie du palais.

Bas-reliefs sculptés dans l'intérieur de la salle hypostyle et sur les murs extérieurs du palais.

Chabrol et Jomard delt

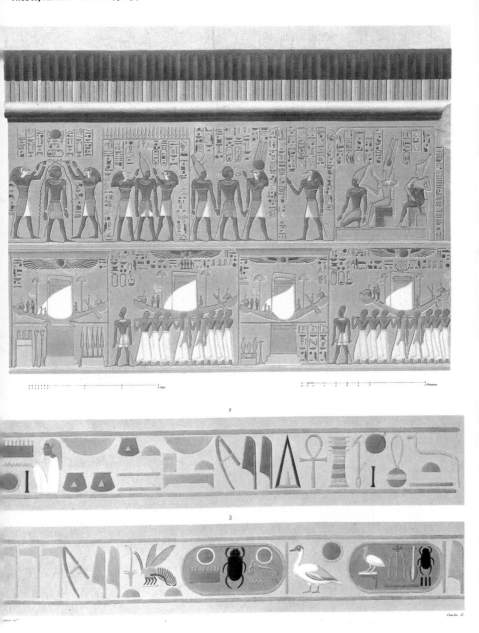

Sculptures coloriées recueillies dans les appartements de granit et dans la galerie du palais.

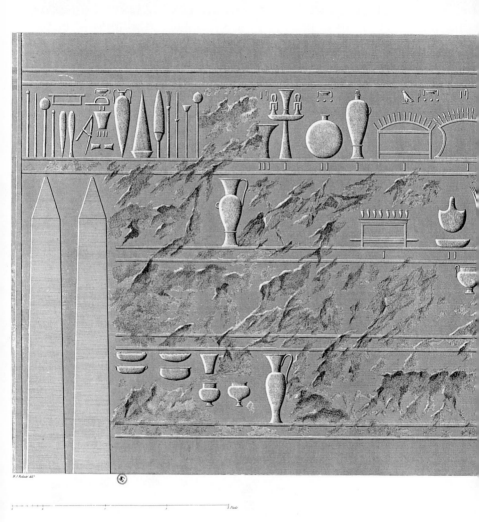

Bas-reliefs sculptés dans le couloir environnant les appartements de granit du palais.

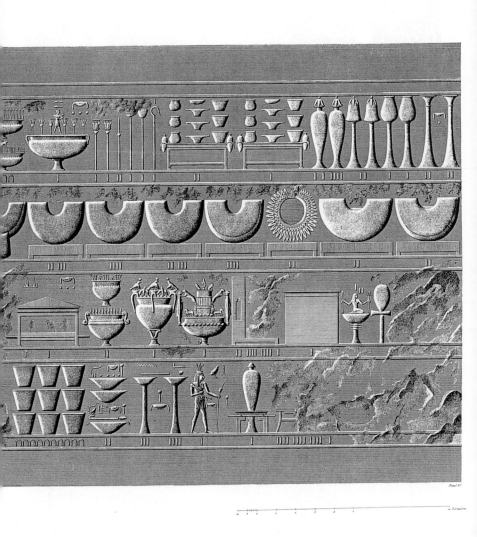

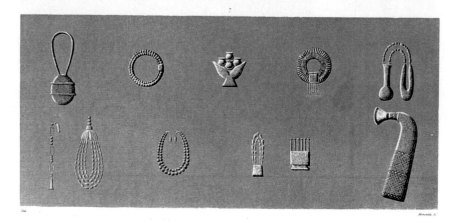

Divers bas-reliefs sculptés sur les stèles et les murs des appartements de granit du palais.

Bas-reliefs sculptés dans l'intérieur du palais et dans les édifices du sud.

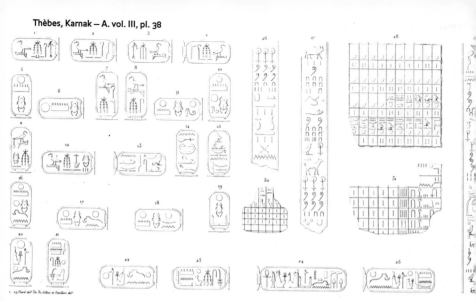

1 à 31 Hiéroglyphes recueillis dans les divers monuments. 32 Sujet militaire sculpté sur le mur extérieur du palais, exposé au nord.

1 Harnachement d'un cheval. 2 Combat sculpté sur les murs extérieurs du palais.

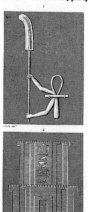

Scènes guerrières sculptées sur la face nord du palais.

Vue perspective du palais prise de l'intérieur de la cour du côté de l'ouest.

Vue perspective intérieure du palais, prise de l'est.

Vue générale des propylées et des ruines du palais prise du nord-est.

Louard sc.

Vue des propylées prise du sud.

1 Vue de deux colosses situés au devant de l'un des pylônes des propylées. 2.3 Fragments de colosses trouvés dans l'enceinte du sud.

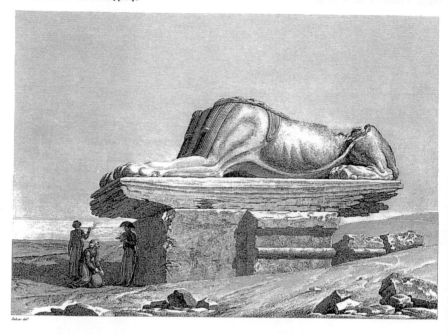

Vue et détails des sphinx de l'avenue des propylées du palais.

1.2 Décoration intérieure de la porte de granit des propylées. 3.4.5 Sujets recueillis dans divers édifices.

1 à 5 Statues de granit noir trouvées dans l'enceinte du sud. 6 Vue du colosse placé à l'entrée de la salle hypostyle du palais.

Vue de la porte et des temples du sud.

Plan et détail du plafond de la porte sud.

Elévation perspective de la porte du sud.

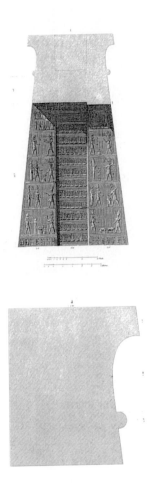

Coupe, détail et bas-reliefs intérieurs de la porte du sud.
◁ Coupe de la porte du sud.

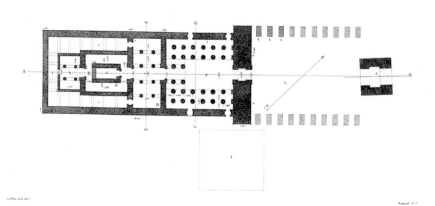

Vue intérieure et plan du grand temple du sud.

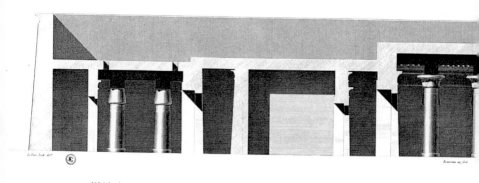

1.2.3 Coupes longitudinales et transversales. 4.5.6 Détails des chapiteaux du grand temple du sud.

Vue et détails des béliers de l'avenue du grand temple du sud.

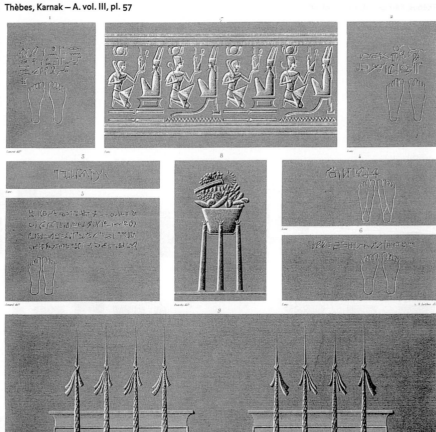

1 à 6 Inscriptions gravées sur la terrasse du grand temple du sud. 7.8.9 Frise et bas-reliefs du grand temple du sud.

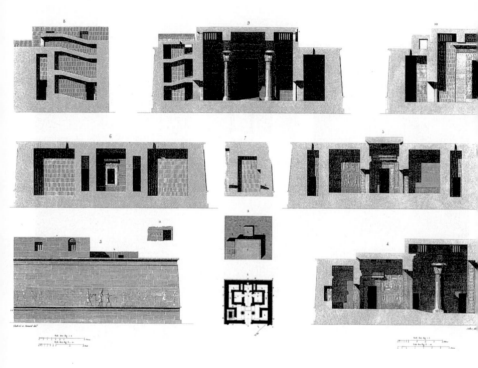

Plans, élévations, coupes et détails du petit temple du sud.

Portion de la coupe longitudinale du petit temple du sud.

Elévation de la porte extérieure et bas-reliefs du petit temple du sud.

Elévation de la façade intérieure et bas-reliefs du petit temple du sud.

Détails d'architecture, coupe du sanctuaire et bas-reliefs du petit temple du sud.

Coupe transversale du petit temple du sud.

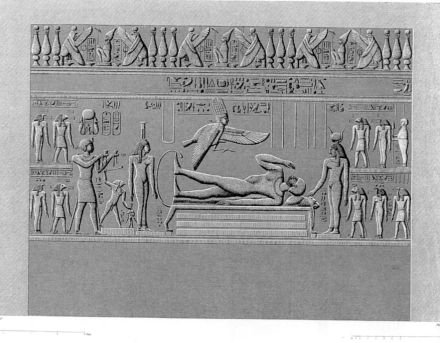

Bas-relief sculpté dans l'une des salles latérales du petit temple du sud.

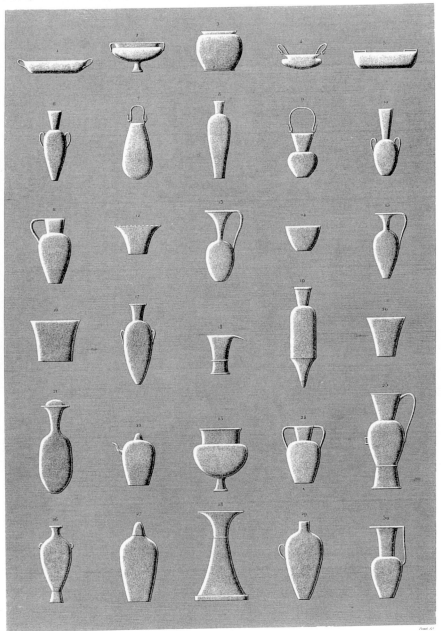

Collection de vases recueillis dans divers édifices.

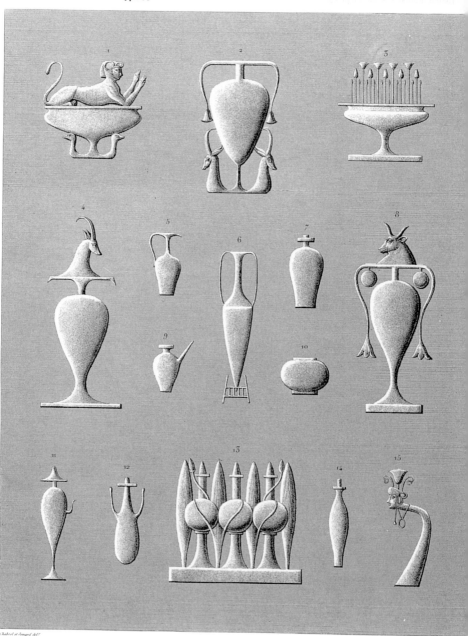

Vases dessinés dans plusieurs monuments.

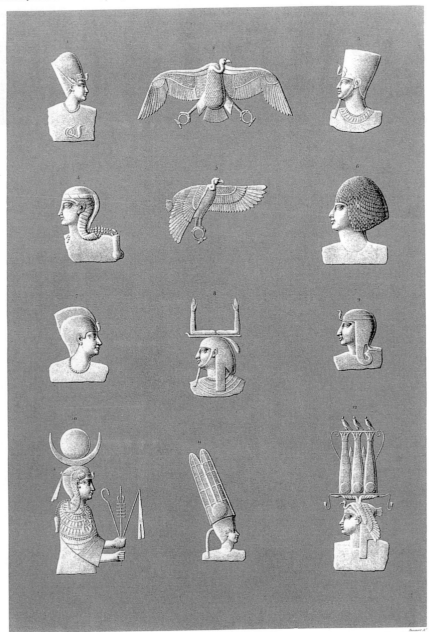

Détails de figures, tirés des bas-reliefs de divers édifices.

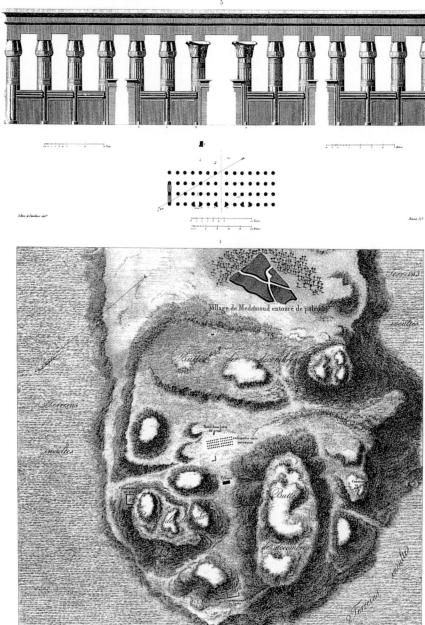

1 Plan topographique des ruines. 2.3 Plan et élévation des restes d'un portique.

Collection de légendes hiéroglyphiques recueillies dans les édifices.

VOLUME IV

Qous (Apollinopolis Prava):
Keft (Coptos)

Denderah (Tentyris)

Abydus

Qâou el Kebyreh (Antæopolis)

Syout (Lycopolis)

Achmouneyn (Hermopolis Magna)

Antinoë

Heptanomide, Beny-Hasan

Fayoum

Fayoum et environs

1.2.3.4 Couronnement d'une porte, plan, élévation et coupe d'un monolithe de Qous. 5 à 9 Frise et bas-reliefs dessinés à Keft.

Plan topographique des ruines.

Vue générale des ruines prise de l'ouest.

Vue de la porte du nord.

Plan, coupe et détail de la porte du nord.

Elévation perspective de la porte du nord.

Vue de la façade du grand temple.

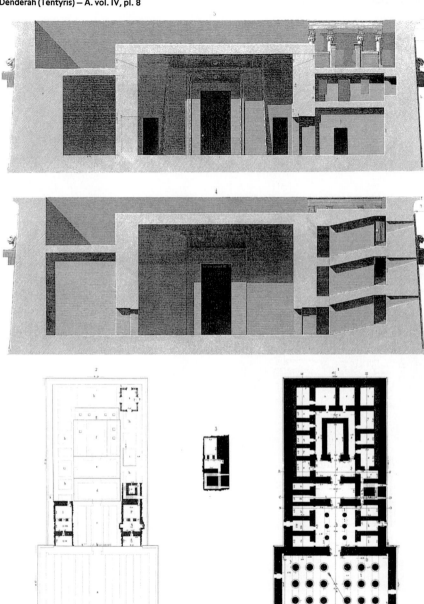

Plans et coupes transversales du grand temple.

Elévation du portique du grand temple.

Elévation latérale et coupe longitudinale du grand temple.

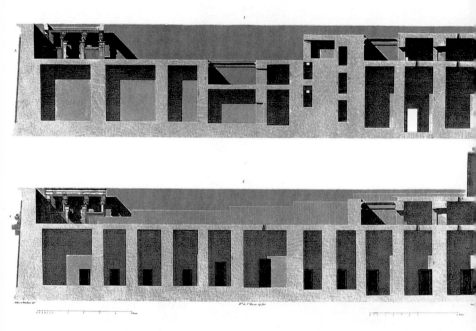

Coupes longitudinales du grand temple.

1 Détail colorié d'une colonne du portique. 2 à 7 Profil et plans de la colonne.

Détails des deux murs d'entrecolonnement du portique et bas-reliefs recueillis dans le grand temple.

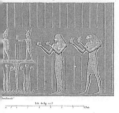

Décoration des antes et d'un soffite, et bas-relief de l'extérieur du portique du grand temple.

Détail de la frise de la façade du portique du grand temple.

Elévation détaillée de la partie postérieure du grand temple.

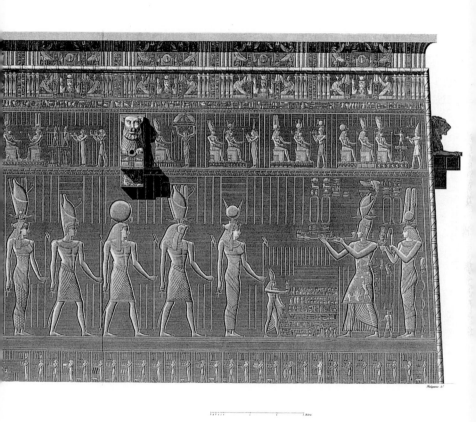

Philgenes N°

Détail de la face latérale de l'est dans le portique du grand temple.

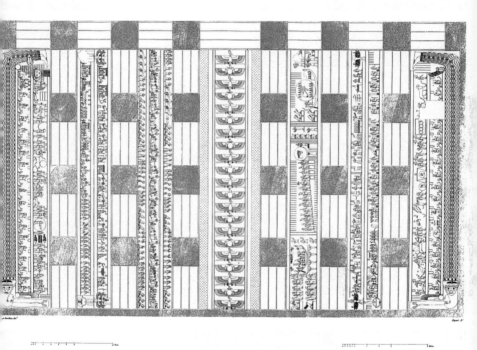

Plafond du portique du grand temple.

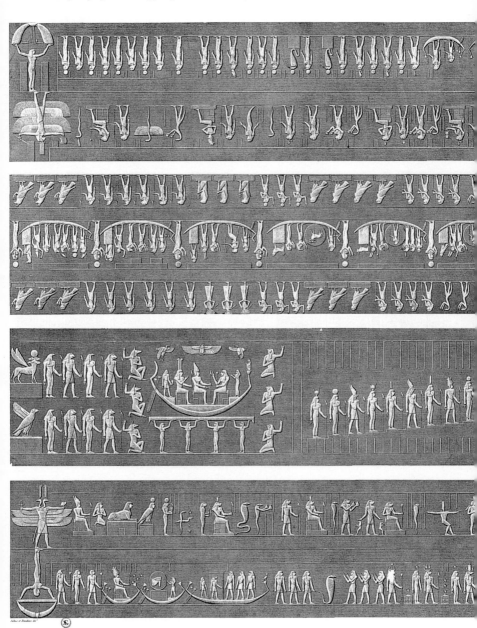

Détail de quatre soffites du portique du grand temple.

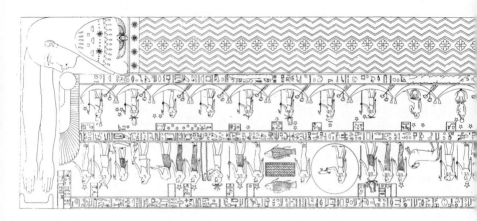

Zodiaque sculpté au plafond du portique du grand temple.

Zodiaque sculpté au plafond du portique du grand temple.

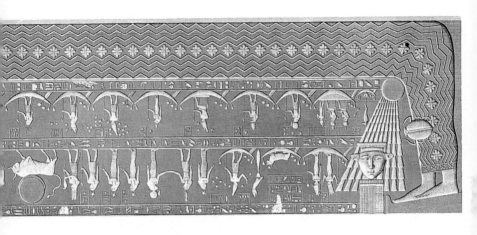

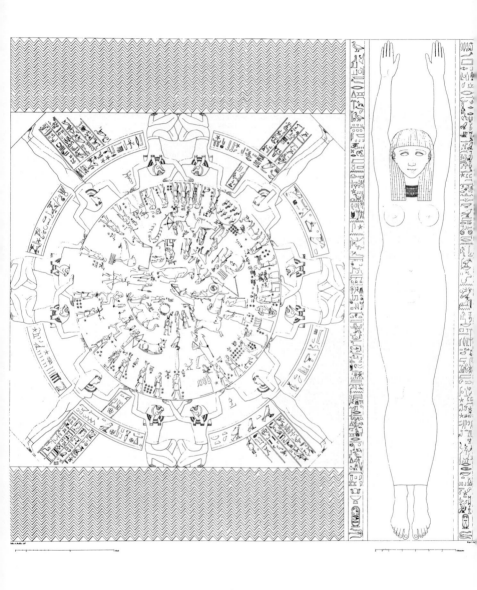

Zodiaque sculpté au plafond de l'une des salles supérieures du grand temple.

1 Corniche et frise des faces latérales du portique du grand temple. 2.3.4.5 Bas-reliefs de l'appartement du zodiaque. 6 à 12 Détails dessinés sur les murs du grand temple.

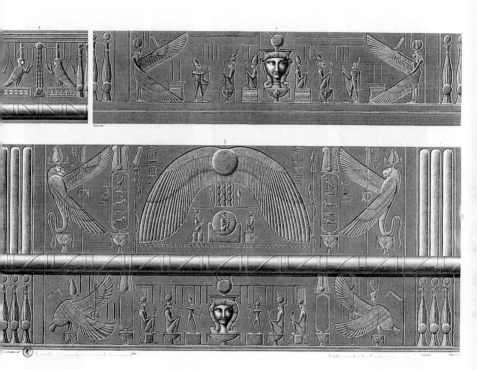

1 Frise de la partie postérieure du portique. 2 Corniche de la 1ère salle de l'appartement du zodiaque.
3 Frise et corniche du grand temple.

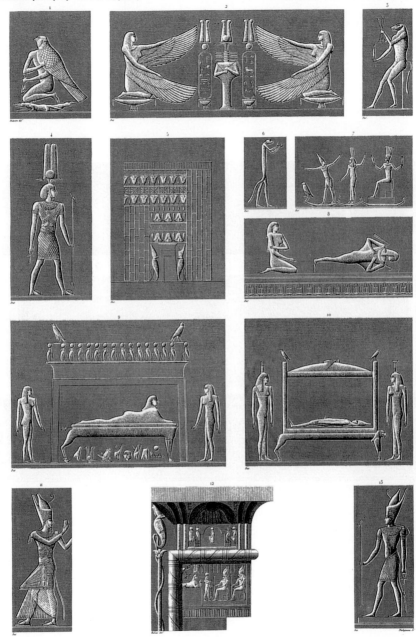

1.2.3.8.9.10 Bas-reliefs de l'appartement du zodiaque. 4.5.6.7.11.13 Détails du grand temple et de la porte du nord. 12 Couronnement de la porte du portique du grand temple.

Bas-reliefs du grand temple, de la porte du nord, et de celle de l'enceinte de l'est.

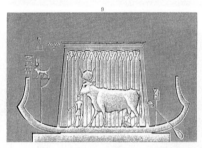

Divers bas-reliefs dessinés dans l'appartement du zodiaque et dans les temples.

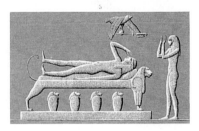

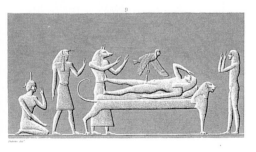

Costumes et bas-reliefs sculptés dans l'appartement du zodiaque et sur les murs du grand temple.   **408 | 409**

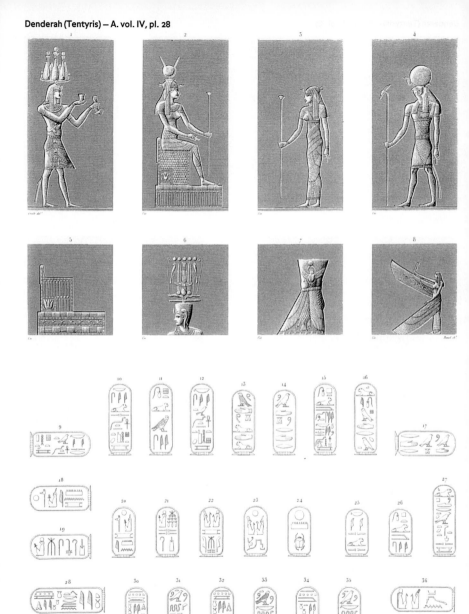

Détails de figures et de costumes, et légendes hiéroglyphiques recueillies dans les temples.

Vue perspective de la façade du portique du grand temple.

Vue perspective de l'intérieur du portique du grand temple.

1 Coupe du 2e portique du grand temple. 2 à 4 Détails du petit édifice de la terrasse. 5 à 9 Plan, élévation et coupes de l'édifice du sud. 10.11 Plan et élévation de l'édifice du nord.

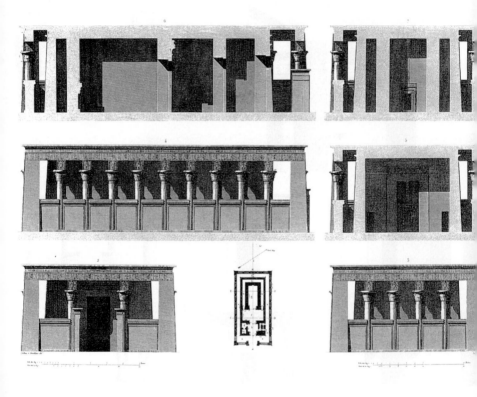

Plan, élévations et coupes du typhonium.

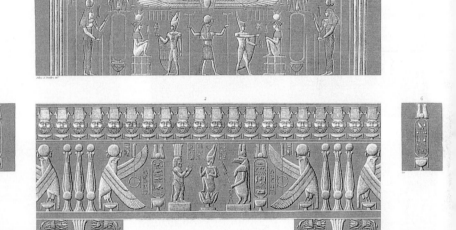

1.2 Décoration de la corniche et de la frise intérieure de la galerie du typhonium. 3.4.5.6 Légendes variées et détails de la même frise.

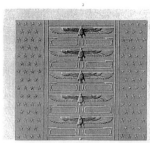

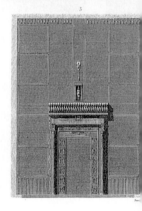

1 Détail de la corniche et de la frise, de l'édifice du sud. 2.3.4.5 Sculptures intérieures du typhonium.

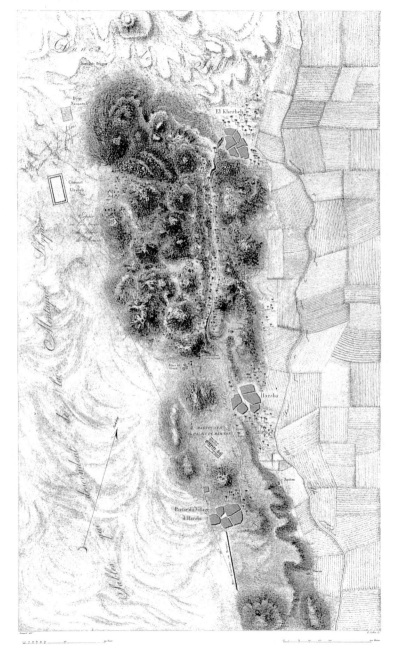

Plan des ruines et des environs.

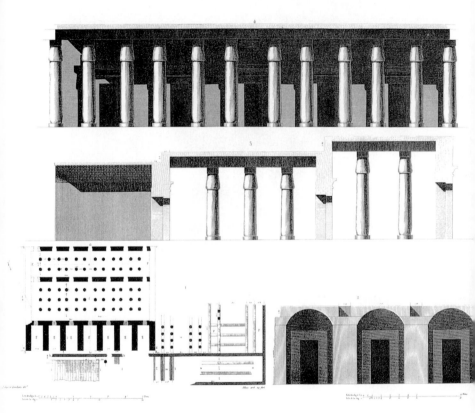

△ Plan, élévation et coupes du palais.
▷ 1 Plan général des environs. 2.3.4.5 Plans et profils des bâtiments du nord-ouest. 6 à 12 Vues et détails d'un fragment de statue trouvé dans les ruines.

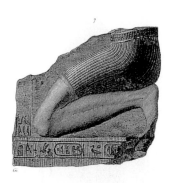

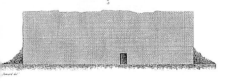

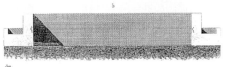

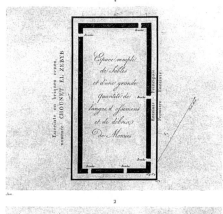

1 Plan général du temple et des environs. 2 à 6 Monolithe. 7.8.9 Bas-reliefs du temple.

Vue du temple, prise du côté de l'ouest.

Vue du temple, prise du côté du sud-ouest.

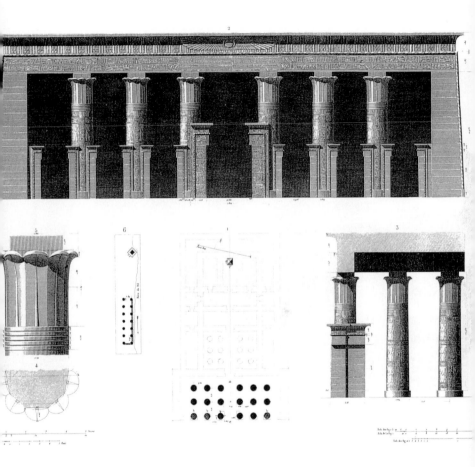

Vue perspective du temple.

Vue de la montagne et des hypogées prise à l'extrémité de la ville du côté de l'ouest.

Plan, coupes et élévation de l'hypogée principal.

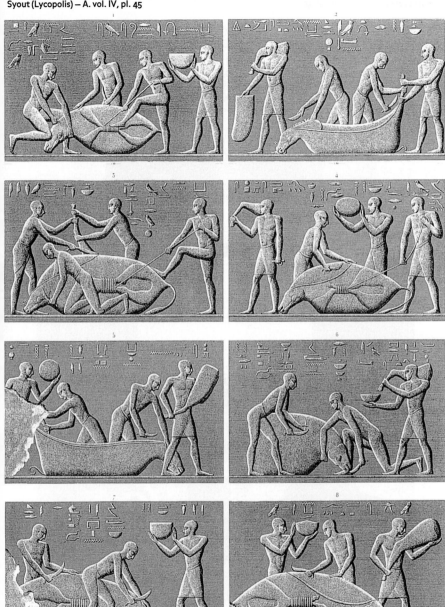

Bas-reliefs recueillis dans la salle du fond de l'hypogée principal.

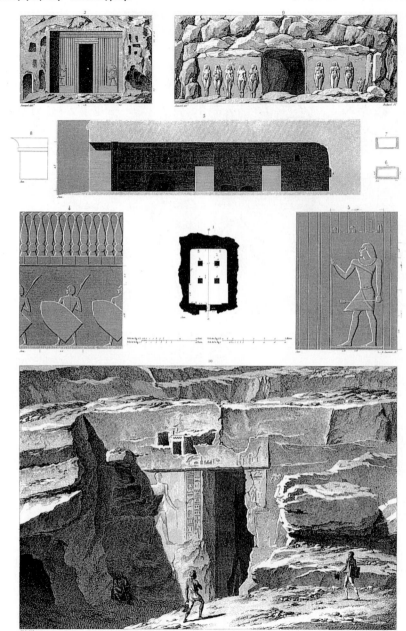

1 à 8 Plan, coupe, élévation et détails d'un hypogée. 9,10 Vues de deux hypogées.

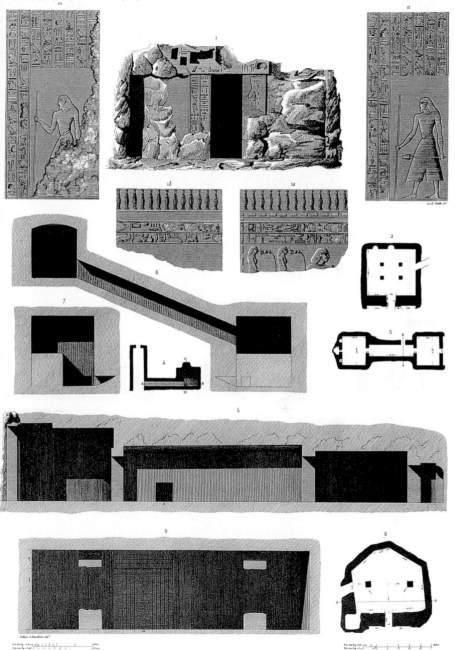

Plans, coupes, élévation et détails de divers hypogées.

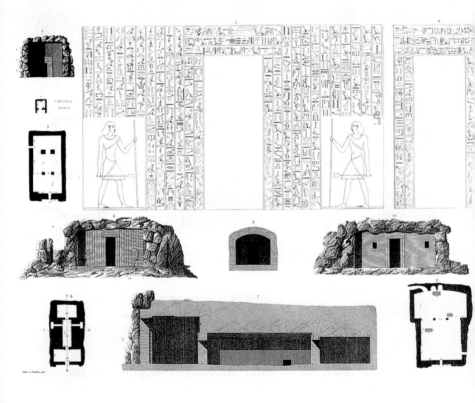

Plans, coupes, élévations hiéroglyphiques de divers hypogées.

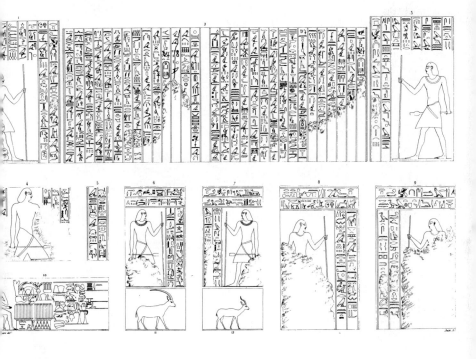

Décorations hiéroglyphiques et bas-reliefs recueillis dans les hypogées.

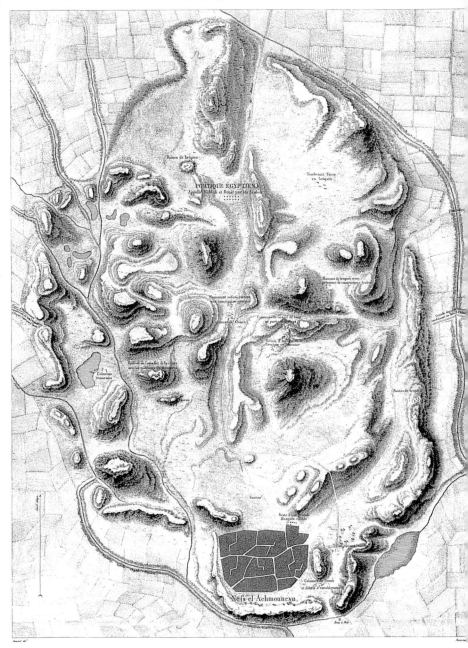

Plan topographique des ruines.

Vue du portique prise du côté du midi.

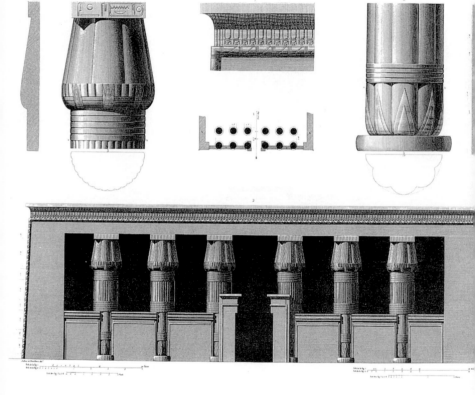

Plan, élévation et détails du portique du temple.

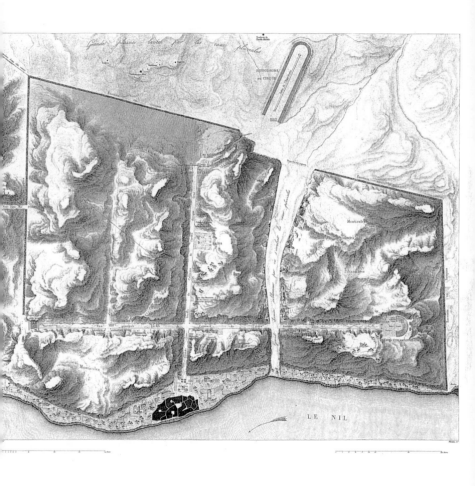

Plan topographique des ruines et de l'enceinte de la ville.

1 Plan général des environs. 2 Vue des ruines de la ville, prise du côté du sud-ouest.

Vue du portique du théâtre.

Plan, élévation, coupes et détails du portique du théâtre.

Vue de l'arc de triomphe.

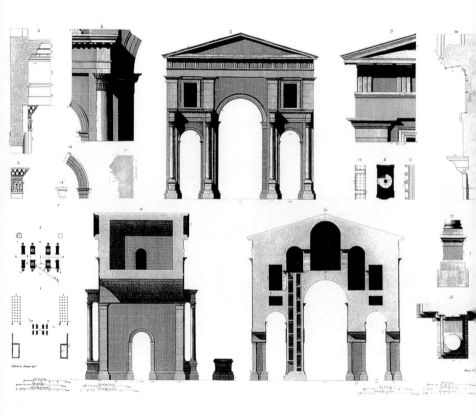

Plan, élévation, coupes et détails de l'arc de triomphe.

1.2 Vue et détails de la colonne d'Alexandre Sévère. 3.4 Fragment d'une statue d'Antinoüs.

1 à 9 Elévation et détails de la colonne d'Alexandre Sévère. 10 à 15 Détails d'architecture de divers monuments.
16.17 Plan et coupe de l'hippodrome. 18 Plan d'une partie de la rue principale.

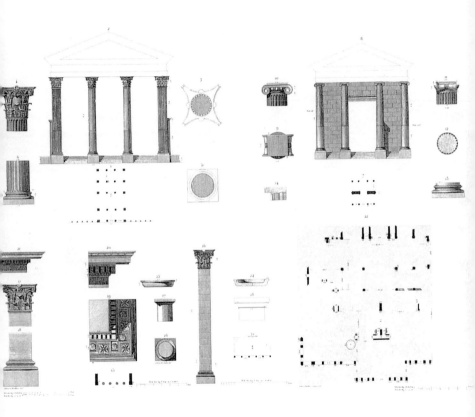

1 à 20 Plans, élévations et détails de divers portiques. 21 à 24 Plan et détail d'un bâtiment de bains.
25 à 28 Colonnade de la rue principale.

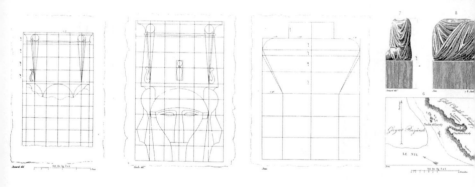

1.2 Vues de Gebel, Abou Fedah et des environs. 3.4.5 Epures de chapiteaux tracées dans les hypogées de Gebel, Abou Fedah. 6.7.8 Plans et détails de Gebel, Cheykh El Harydy.

1.3.4.5 Vues et détails des ruines d'El Deyr. 2 Plan d'un édifice ruiné à El Deyr. 6 à 10 Plan général d'une ancienne ville et détails d'une porte en briques à El Tell.

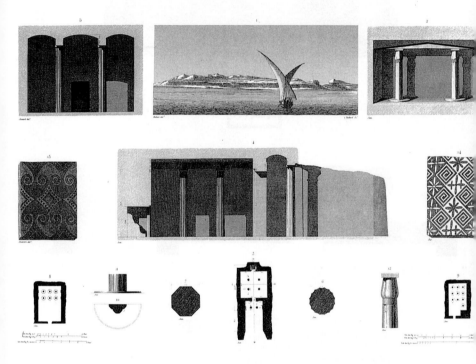

1.2 Vues des hypogées. 3 à 7 Plan, coupes et détails de l'hypogée principal. 8 à 14 Plans, détails et peintures de divers hypogées.

1 Vue d'une ancienne carrière appelée Establ Antar. 2.4 Bas-reliefs et peintures de divers hypogées. **448 | 449**

Bas-reliefs et peintures de divers hypogées.

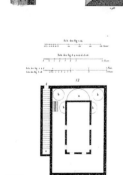

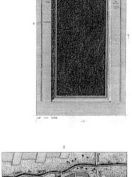

1 Plan de Cusæ. 2 à 6 Antiquités de Meylâouy et des environs. 7 à 10 Deyr au nord d'Antinoë.
11.12.13 Deyr Abou-Fâneh. 14 à 20 Plan et détails de Tehné. 21 Vue d'Ouâdy el Teyr.

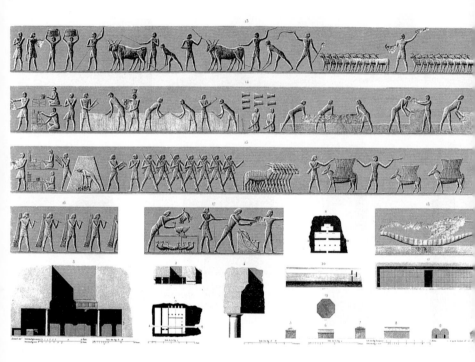

1 à 10 Plans et détails d'un hypogée d'architecture dorique, situé à Saouâdeh. 11 à 19 Plans, bas-reliefs et détails d'un hypogée et d'une carrière au midi de Saouâdeh.

1

2

Vue d'un temple égyptien, situé vers l'extrémité occidentale du lac appelé Birket el Qeroun.   **452 | 453**

1 à 13 Plans, élévation, coupes et détails d'un temple égyptien, situé vers l'extrémité occidentale du lac appelé Birket El Qeroun. 14 à 18 Plans et détails de plusieurs antiquités des environs.

Vue et détails de l'obélisque de Begyg.

1.2 Vues de deux pyramides en brique à l'est du Fayoum. 3 Pyramide de Meydouneh.
4 Pyramides d'El Métanyeh. 5.6 Pyramides de Saqqârah.

Volume v

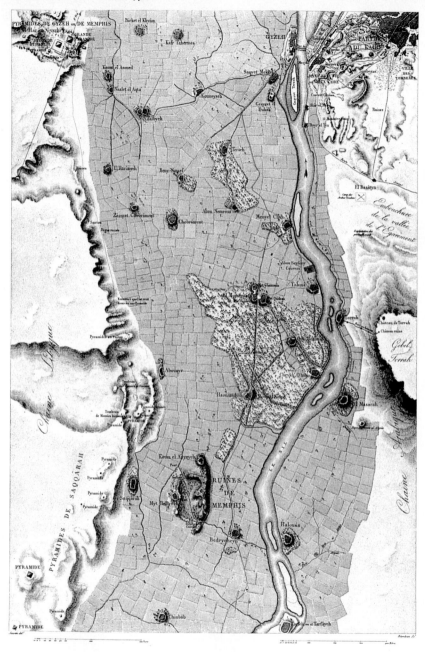

Plan général de l'emplacement de Memphis et des environs.

1

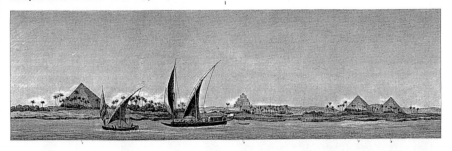

2

3

4

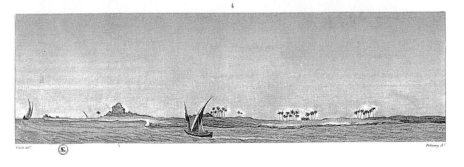

Vues des pyramides de Saqqârah et des environs.

Vue des ruines, prise du sud-est.

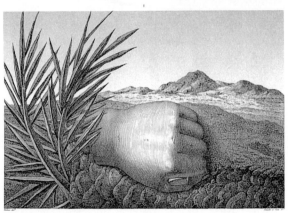

1 Poignet d'un colosse à Memphis. 2 à 7 Plan, coupe et détails d'un tombeau de momies d'oiseaux à Saqqârah. 8 Vue des carrières de Torrah. 9 Vue d'un mur antique.

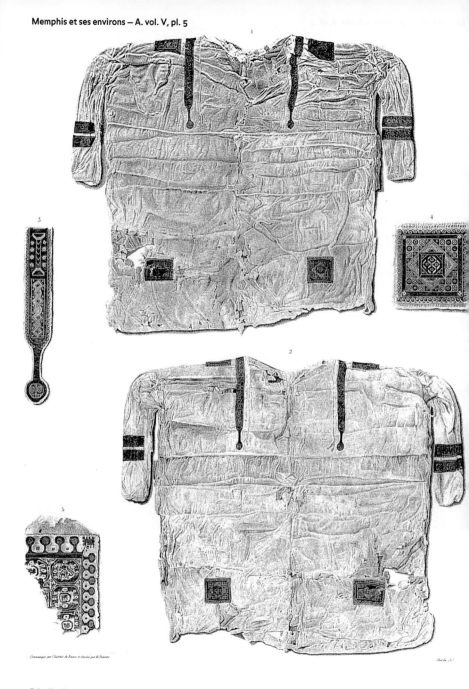

Communiqué par l'Institut de France et dessiné par M. Dubois.

Charles Sc.

Détails d'une tunique trouvée dans un des tombeaux de Saqqârah.

Plan topographique des pyramides et des environs.

Sables

PYRAMIDE

ers d'un fosse

GRANDE PYRAMIDE

Pyramides
ruinées

Petits
tombeaux

Puits

amides ruinées

Puits

Sables

Catacombe
Sculptée

Sphinx

Constructions
ruinées

MÉRIDIENNE DE LA GRANDE

Limite des Terres cultivées

Limite des Terres cultivées

Rocher
élevé

Vue générale des pyramides, prise du sud-est.

Vue générale des pyramides et du sphinx, prise au soleil couchant.

Vue de l'entrée de la grande pyramide, prise au soleil levant.

Vue de la seconde pyramide, prise du côté du levant.

Vue du sphinx et de la grande pyramide, prise du sud-est.

Vue du sphinx et de la seconde pyramide, prise au levant.

Vues de la galerie haute de la grande pyramide, prise du palier supérieur et du palier inférieur.

1 à 4 Plan, coupe et entrée de la grande pyramide. 5 à 10 Plan, élévation, coupe et détails d'un tombeau principal et de son sarcophage. 11 à 16 Détails des environs.

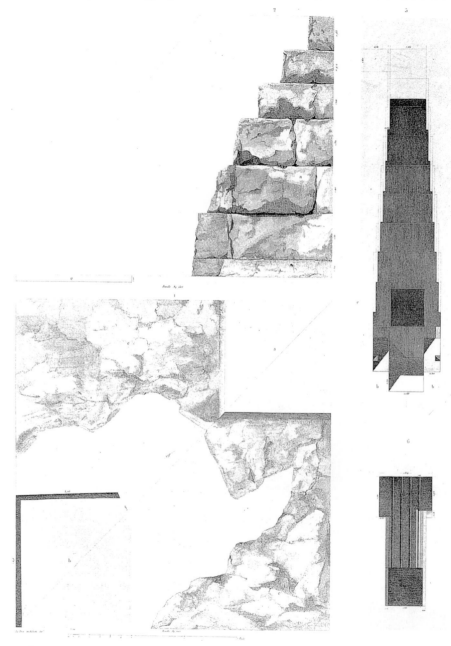

1.2 Plan et élévation de l'angle nord-est de la grande pyramide. 3 à 8 Plan et coupes de l'entrée et détails du sarcophage de la salle supérieure.

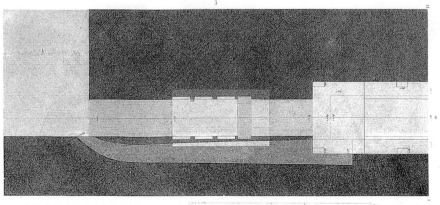

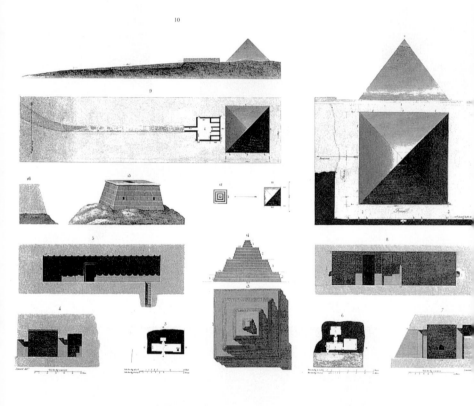

1 à 8 Plan et élévation de la 2e pyramide, plans et coupes d'un hypogée à l'ouest et d'un autre à l'est. 9.10 Plan et élévation de la 3e pyramide, de l'édifice de l'est et d'une grande chaussée. 11 à 14 Plans et élévation de la 4e pyramide et d'une pyramide à degrés. 15.16 Tombeau pyramidal à l'ouest de la grande pyramide.

Bas-reliefs et fragments d'hiéroglyphes sculptés dans les tombeaux situés à l'est de la seconde pyramide.

Bas-reliefs sculptés dans les tombeaux situés à l'est de la seconde pyramide.

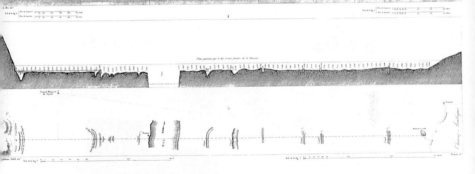

1.2 Profils de nivellement du lac Maréotis à la mer. 3 Profil de la vallée du Nil à la hauteur des pyramides. 4.5 Plan et profil de la vallée du Nil à Syout ou Lycopolis.

Plan, vue et détails d'un édifice de construction romaine.

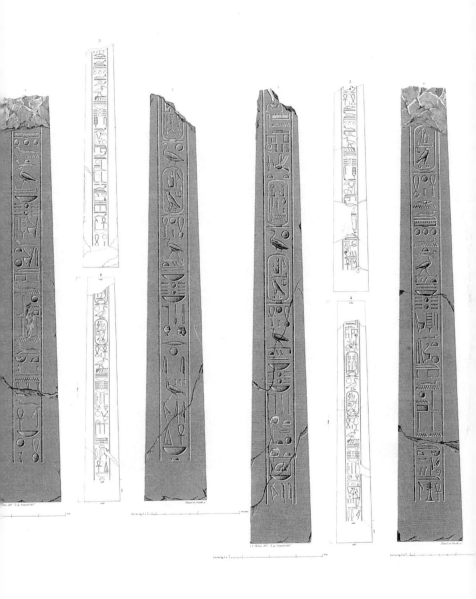

Détails des quatre faces de deux obélisques trouvés au Kaire.

Sarcophage en forme de momie, trouvé sur le bord du Nil à Boulâq.

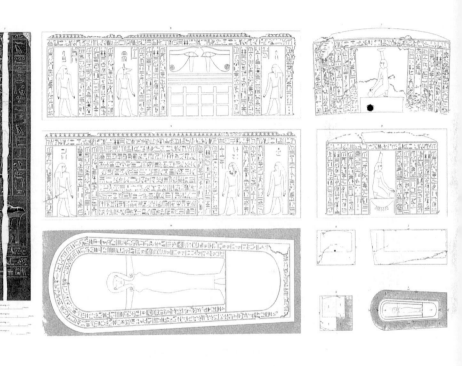

1 Fragment trouvé près de la porte du château du Kaire. 2 à 10 Plans, coupe, élévations et sculptures extérieures d'un sarcophage en granit, trouvé à Qala't el Kabch, sous la mosquée de Touloun.

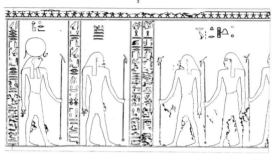

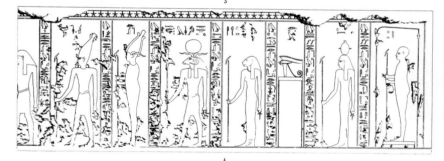

Intérieur d'un sarcophage en granit, trouvé à Qala't el Kabch, sous la mosquée de Touloun.

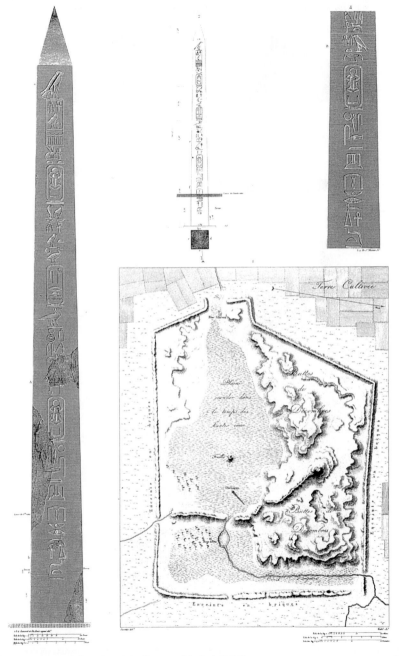

1 Plan des ruines et de l'enceinte de la ville. 2.3.4 Détails de l'obélisque.

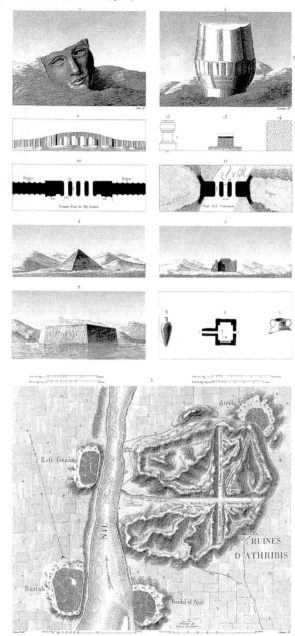

1.2.15 Fragments trouvés à Qelyoub. 5 à 9 Plan, vues et détails d'Athribis. 10 à 14 Ponts construits sur des fondations romaines.

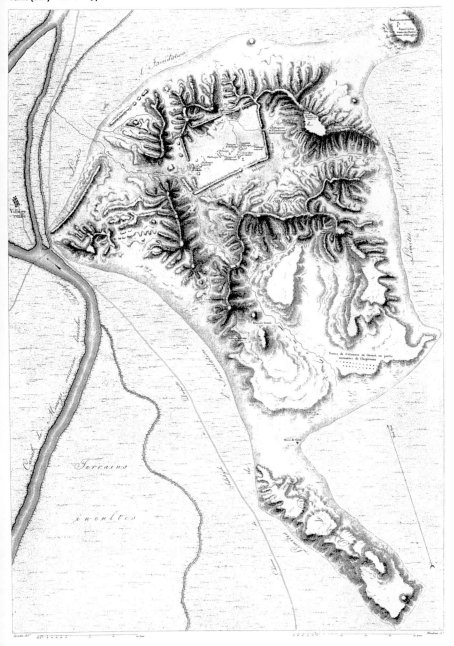

Plan des ruines et des environs.

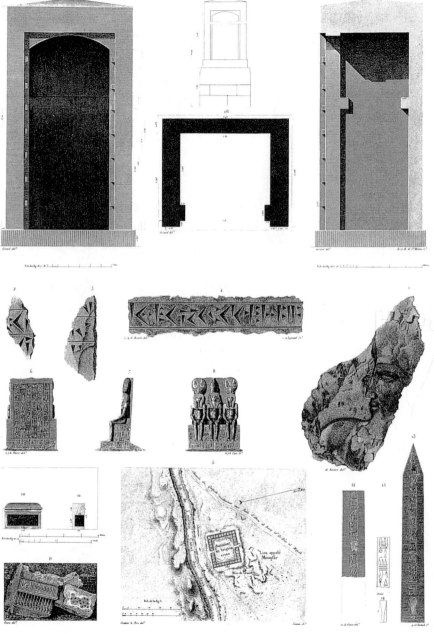

1 à 4 Fragment persepolitains. 5 Mouqfâr. 6 à 8 Groupe d'Aboukeycheyd. 9 Antiquités de Bubaste. 10 à 15 de Tanis. 16 à 19 Monolithe de Thmuis.

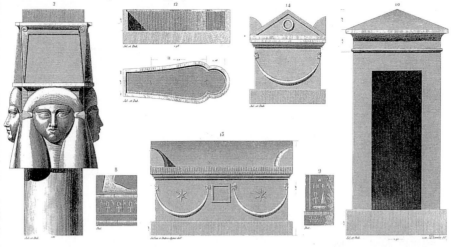

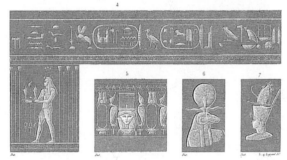

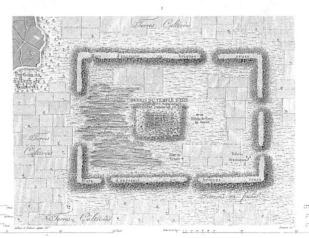

1 à 9 Plan topographique et détails d'un temple d'Isis, à Bahbeyt. 10 à 14 Monolithe et sarcophages à Mehallet el Kebyr.

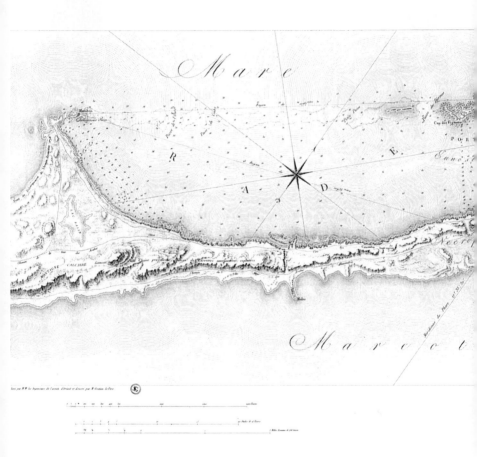

Carte générale des côtes, rades, ports, ville et environs d'Alexandrie.

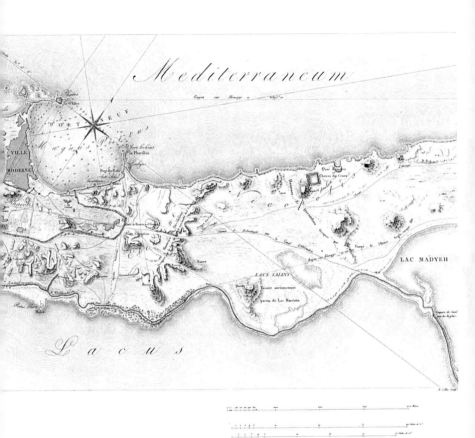

Mediterraneum

VILLE
MODERNE

Magnus Portus

PORT NEUF

Phare
le Phare

Vieux lochers
le Pharillon

Puy des Flots

Quar Romain
Chateau des Cesars

LAC MADYEH

LACS SALINS
faisant anciennement
partie du Lac Maréotis

Lacus

Vue de l'obélisque appellé aiguille de Cléopâtre et de la tour dite des Romains, prise du sud-ouest.

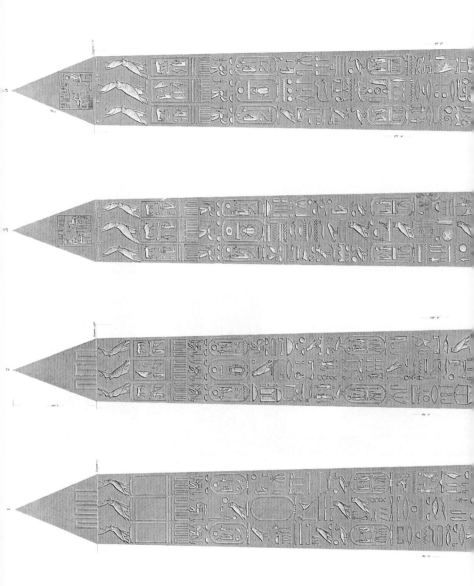

1.2 Elévations de deux faces de l'obélisque appellé aiguille de Cléopâtre. 3.5 Elévations de deux faces de l'obélisque renversé.

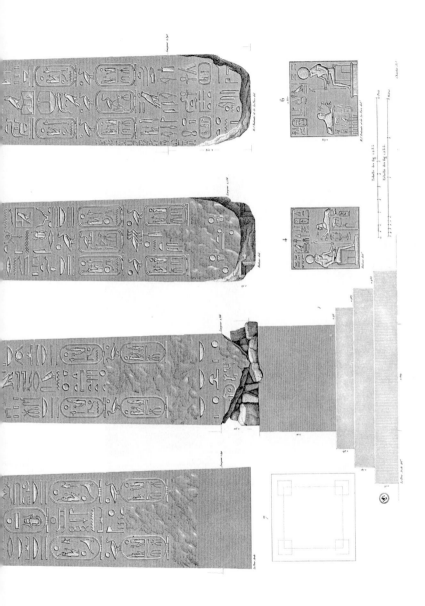

Vue, profils et détails de la grande colonne appelée communément colonne de Pompée.

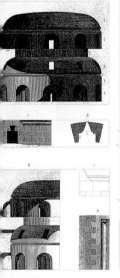

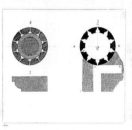

1 Vue de trois colonnes en granit, situées au sud de l'ancienne basilique vulgairement nommée mosquée de st Athanase. 2 à 9 Vue intérieure, plans, coupes et détails d'une tour antique placée au nord des deux obélisques, et connue sous le nom de tour des Romains.

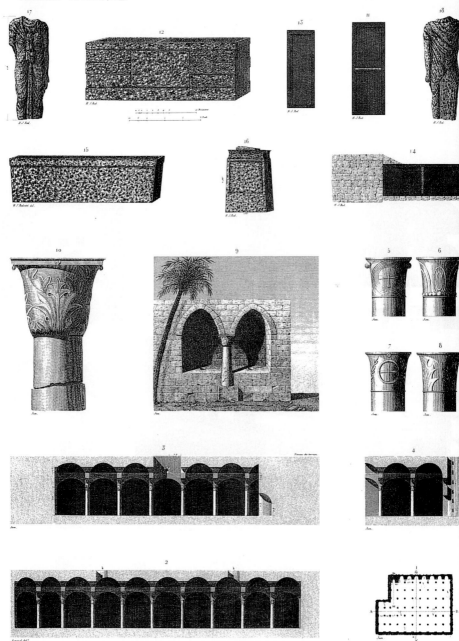

1 à 8 Plan, coupes et détails d'une grande citerne. 9.10 Détails d'une colonne avec un chapiteau en marbre.
11 à 18 Sarcophages, statue et socle en granit.

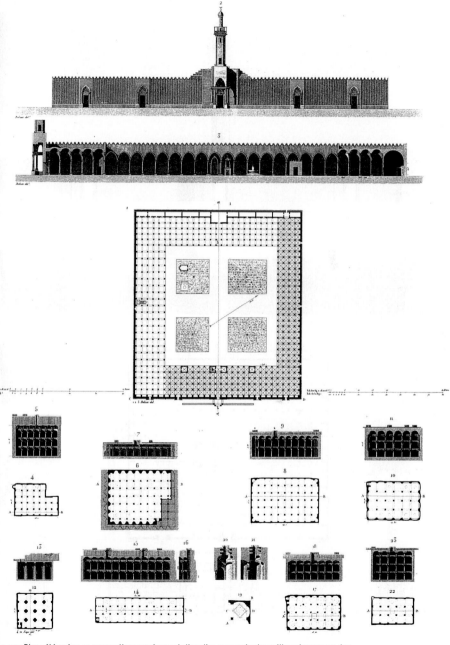

1.2.3 Plan, élévation et coupe d'une ancienne église dite mosquée des mille colonnes ou des septante. 4 à 23 Plans, coupes et détails de huit des principales citernes de l'ancienne ville.

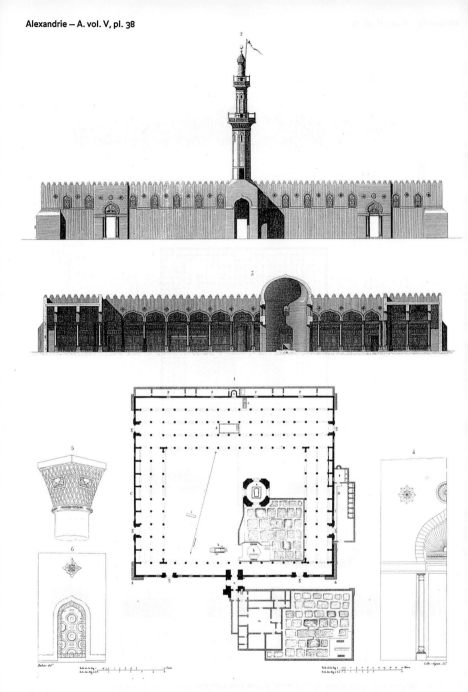

Plan, élévation, coupe et détails d'une ancienne basilique, vulgairement nommée mosquée de st Athanase.

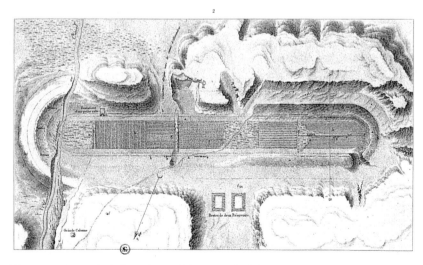

2.3 Plan et coupe d'un stade situé au sud-ouest de la colonne dite de Pompée. 1 Vue intérieure d'une ancienne basilique, vulgairement nommée mosquée de st Athanase.

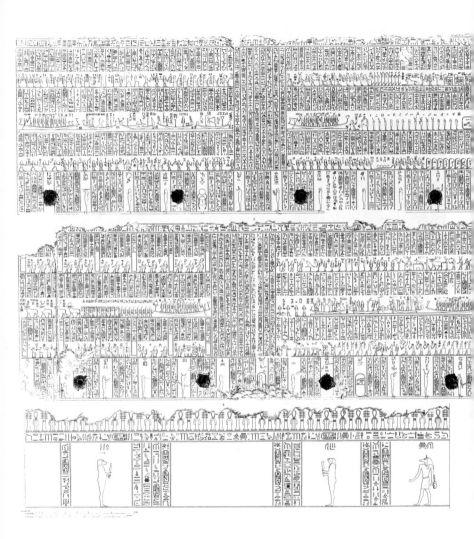

1 à 7 Plan et détails des sculptures d'un sarcophage en brèche égyptienne, trouvé dans l'édifice appelé mosquée de st Athanase. 2.3.4 Faces extérieures. 5.6.7 Faces intérieures.

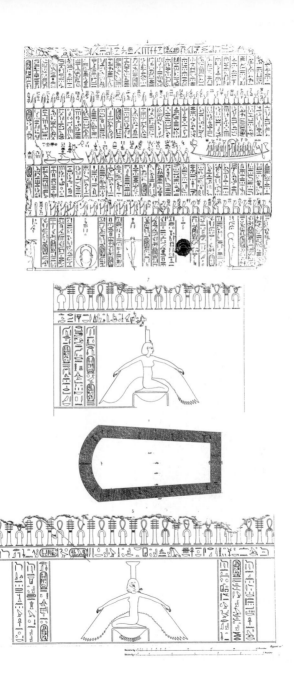

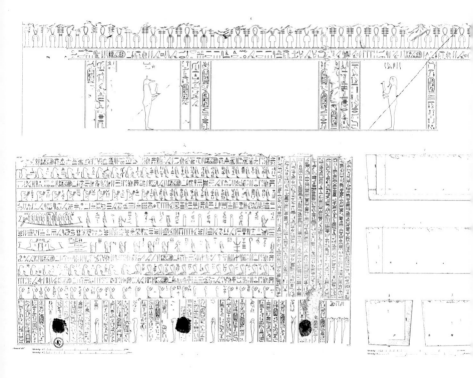

1 à 6 Coupes et détails des sculptures d'un sarcophage en brèche égyptienne, trouvé dans l'édifice appelé mosquée de st Athanase. 5 Face extérieure. 6 Face intérieure.

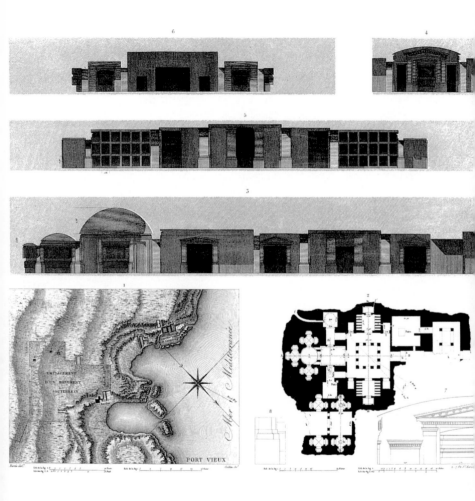

Plans, coupes et détails d'un monument souterrain, situé à l'ouest de la ville antique.

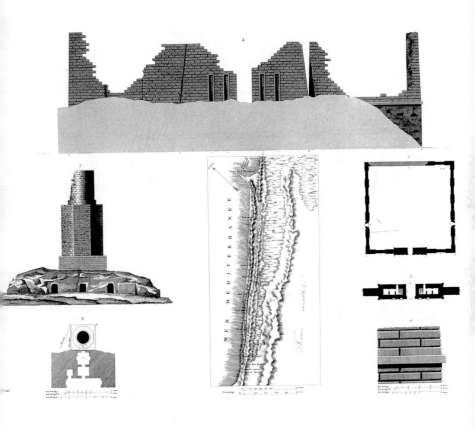

1 Plan général de Taposiris. 2.3.4.5 Plan, élévation et détail d'une enceinte antique à Taposiris.
6.7 Plan et élévation de la tour dite des Arabes.

1.7 Manuscrits sur papyrus. 2.3.4.5.6 Fragments de manuscrits.

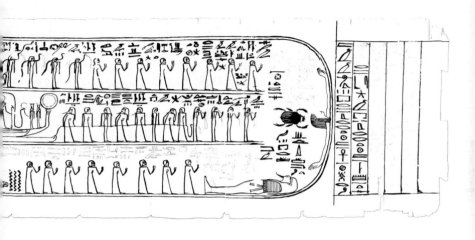

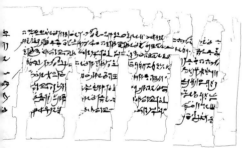

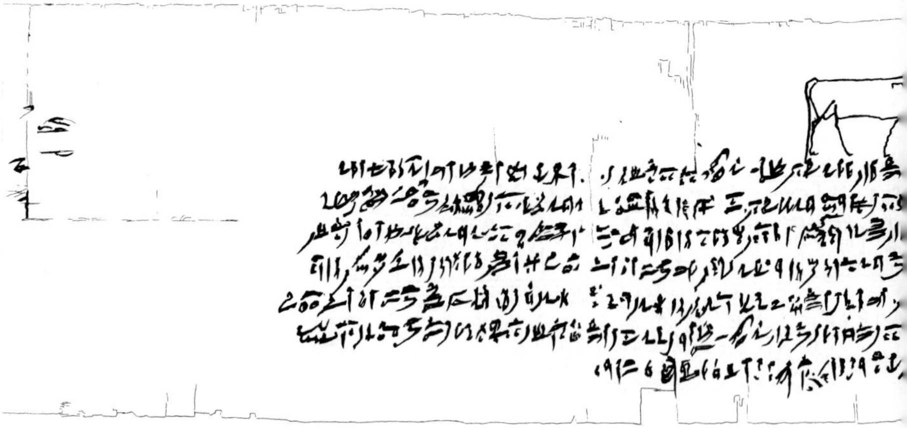

A

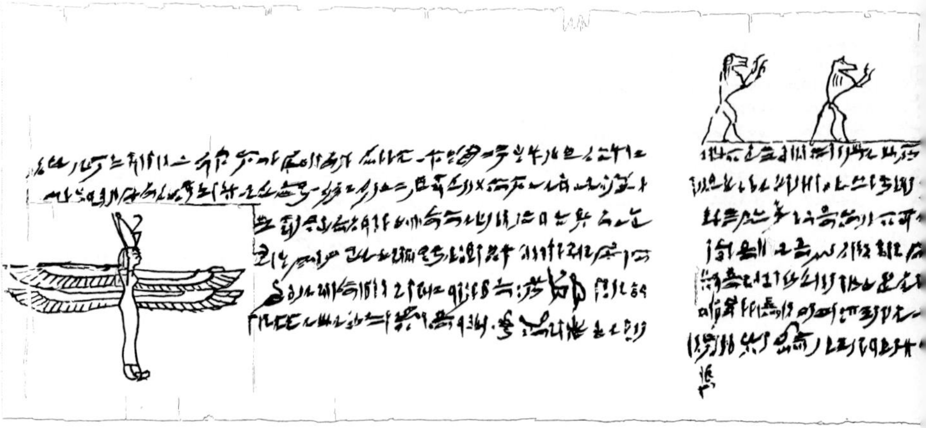

Tiré du Musée britannique et communiqué par M. Jomard.

Manuscrit sur papyrus.

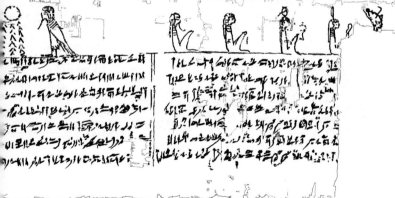

Manuscrit sur papyrus.

1.2 Pierre avec inscription, trouvée à Edfoû. 3.5.11.12 Bas-reliefs. 6.8 Autel en pierre. 9 Buste en albâtre. 10 Etoffe brodée en couleur.

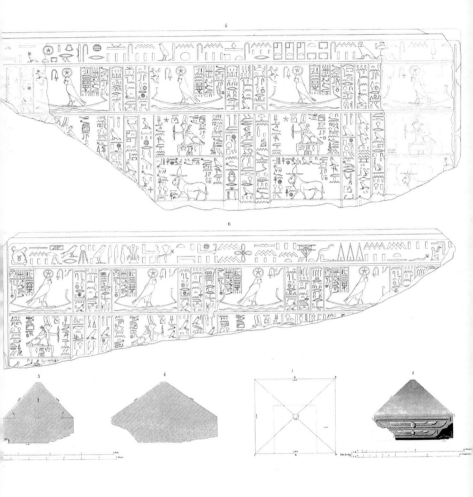

Plan, coupes et détails hiéroglyphiques d'un monolithe égyptien, trouvé à Damiette.

Inscriptions hiéroglyphiques et cœffures copiées à Denderah.

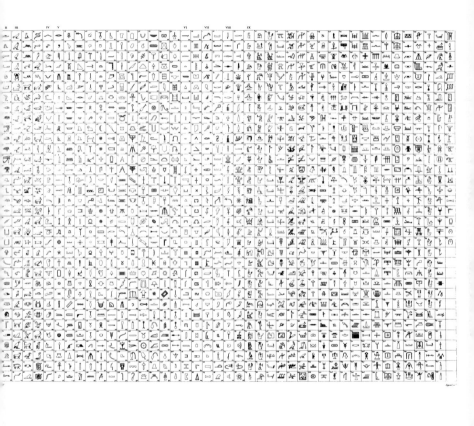

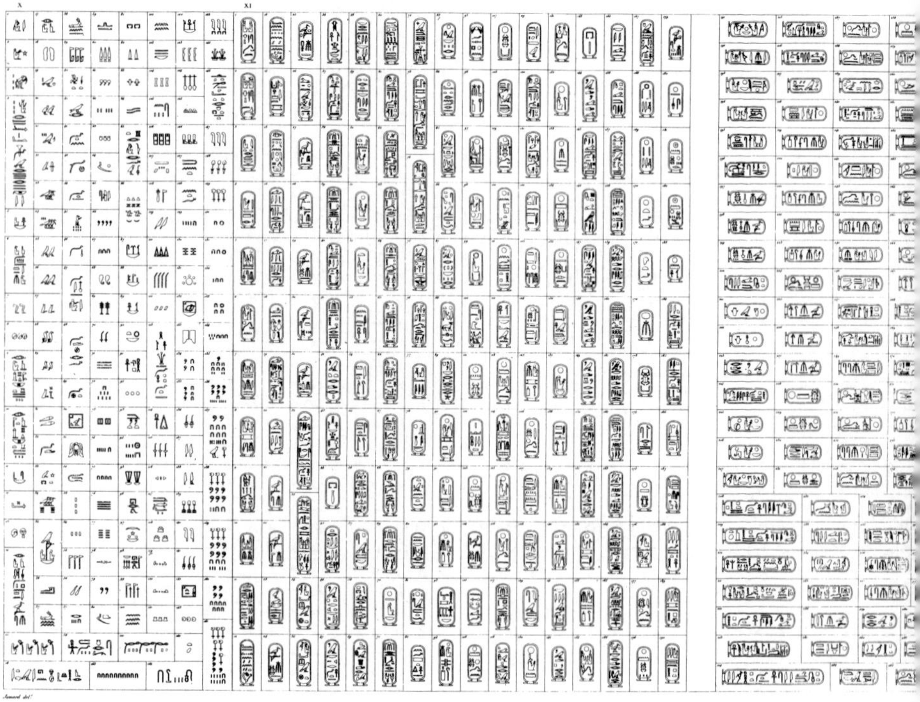

Tableau méthodique des hiéroglyphes, seconde partie.

Pierre trouvée à Rosette (partie supérieure, en écriture hiéroglyphique).

Pierre trouvée à Rosette (partie intermédiaire, en langue égyptienne vulgaire).

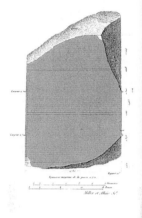

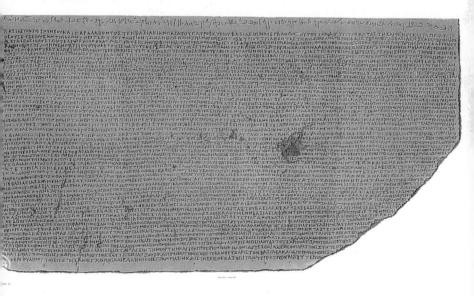

Pierre trouvée à Rosette (partie inférieure, en langue grecque).

1 à 13 de Philae. 14.15 d'Éléphantine. 16.17 d'Ombos. 18 d'Edfoû. 19 à 24 de Thèbes (Karnak). 25 à 30 de Medynet Abou. 31 à 45 du colosse de Memnon.

1.9.15.16 des tombeaux des rois et autres hypogées. 10 d'Apollinopolis Parva. 11.12 de Tentyris. 13 de Panopolis. 14 d'Antæopolis. 17 d'Hermopolis Magna. 18.19 d'Antinoë. 20 d'Acoris. 21 du Fayoum. 22 du Kaire. 23 de Canope. 24.25 d'Alexandrie. 26 à 29 de Damiette.

Différentes inscriptions recueillies sur la route du Mont-Sinaï.

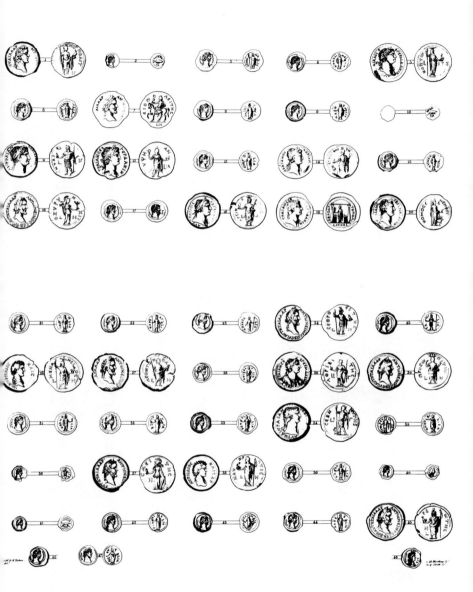

Nomes de la Haute Egypte et de l'Heptanomide. Nomes de la Basse Egypte. Médailles des nomes d'Egypte.

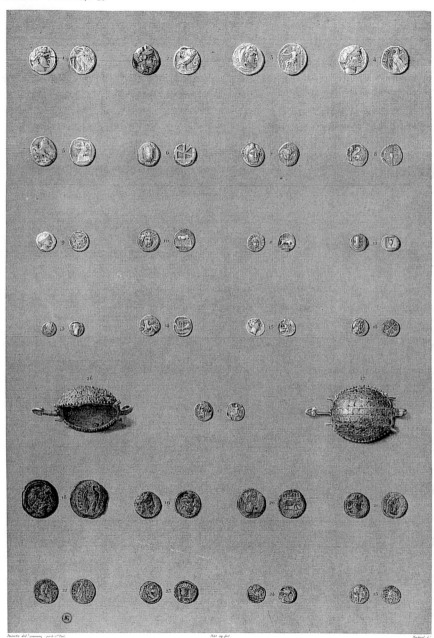

1 Médaille trouvée à Tyr. 3 d'Alexandre. 4.18.21 des Ptolémées. 19 de Cyrène. 2.5 à 17.24.25 grecques. 20.22.23 romaines. 26.27 Tortue en or.

1 à 4 Figure en granit noir. 5.6.7 Fragments en albâtre.

1 à 5 Bustes en basalte noir. 6.7 Tête en albâtre. 8 Buste en stéatite.

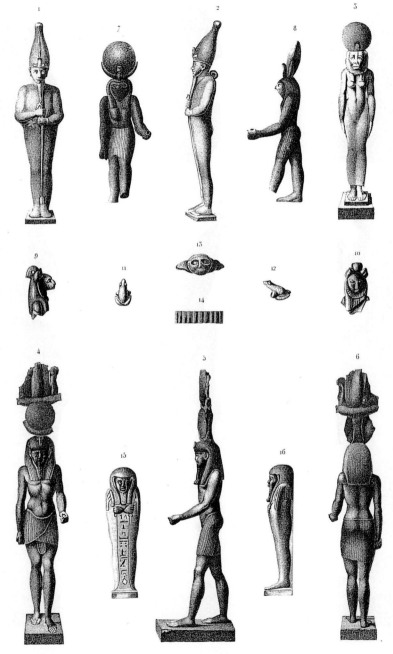

1 à 8 Figures en bronze. 9 à 16 Figures et fragments en terre cuite émaillée.

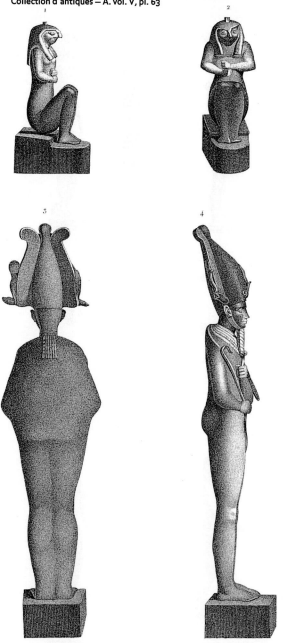

1 à 5 Figures en bronze. 6 Buste en basalte gris.

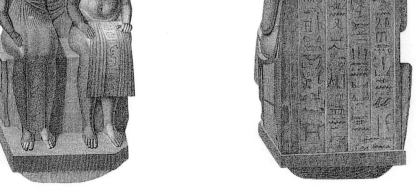

Groupe en basalte.

1.2.3 Figures en bronze. 4.5 Figure en basalte. 6 Figure en terre cuite émaillée.

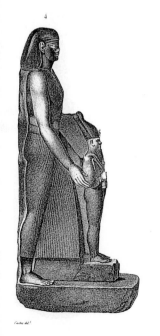

1.2.3 Figure en bronze. 4.5.6 Figure en serpentine.

1.2.3.12.13 à 30 Figures et amulettes en terre cuite. 4 à 9 en bronze. 10.11 en serpentine. 21 en verre.

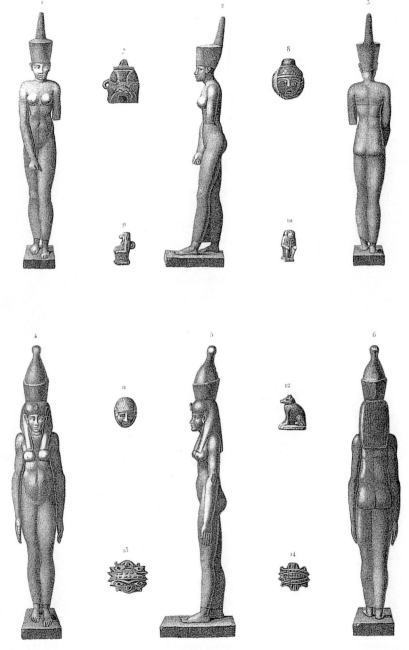

1 à 6 Figures en bronze. 7.8 en serpentine. 9 à 14 en terre cuite.

1.2 Figure en pâte de porcelaine. 3 à 6.9.10.21.22 en bois peint. 7.8.12 à 15 en basalte. 11 Bas-relief en pierre. 16.17.20.23 Masques en terre. 18.19 en bronze.

1 à 6 Groupe en basalte apporté des oasis. 7 à 11 en pierre ollaire. 12 à 15 Masques en bois. 16 à 18 Enveloppes de momies.

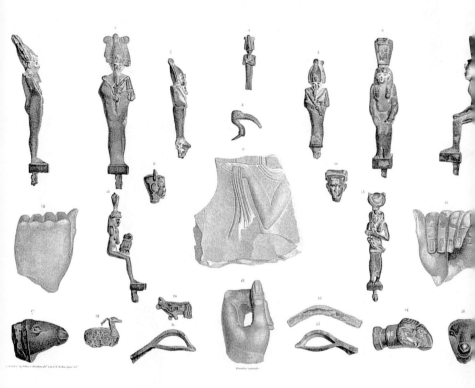

1 à 10.12.13.20 à 24 Figures en bronze. 11 Fragment de bas-relief en pierre. 14.15.16 en marbre. 17.18 en hématite. 19 en plomb.

1.2.3.7.8.12.15 Figures en bronze. 4.5.9.10 Figures en pierre schisteuse et en serpentine.
6.11.13.14 Figures en terre cuite.

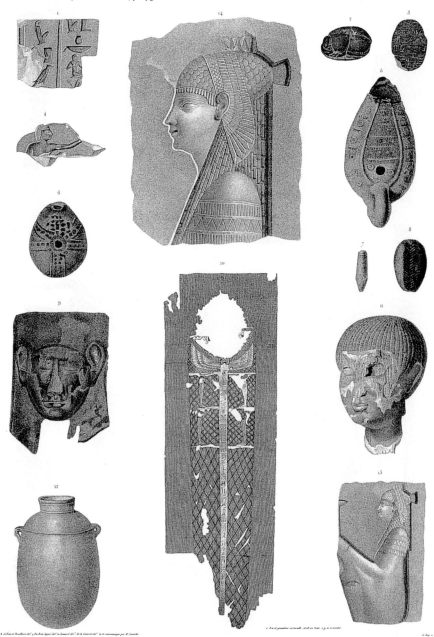

1.4.13.14 Fragments de bas-relief. 2.3.7.8 Amulettes en forme de scarabée et autres. 5.6.12 Lampes et vase.
9.11 Masque et tête en bois. 10 Tunique.

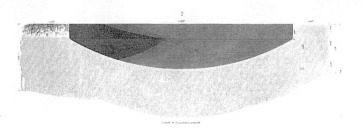

Vase en granit noir, trouvé près de Damanhour, Hermopolis Parva.

Vases en terre cuite, trouvés à Thèbes, Eléphantine, Alexandrie, Denderah, Saqqârah, Antinoë et autres endroits.

1.2.3.6.7.10.11.17.20 Vases antiques de la Haute Egypte. 8.16 Autres vases. 4.5.9.12 Verres colorés et porcelaine antiques. 13.14.15.18.19 Pots de momie et lampes trouvés à Saqqârah, Thèbe et Denderah. **544 | 545**

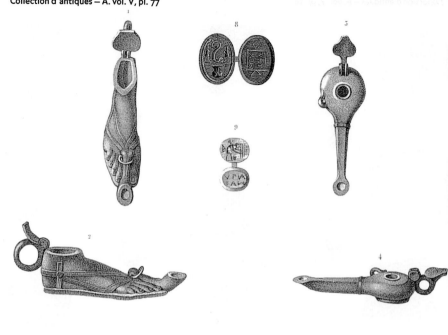

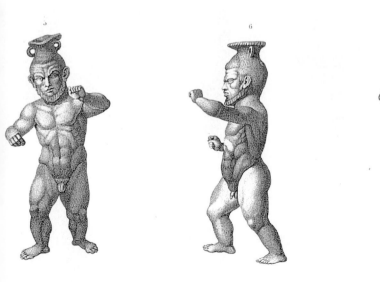

1 à 7 Lampes en bronze. 8.9 Pierres gravées.

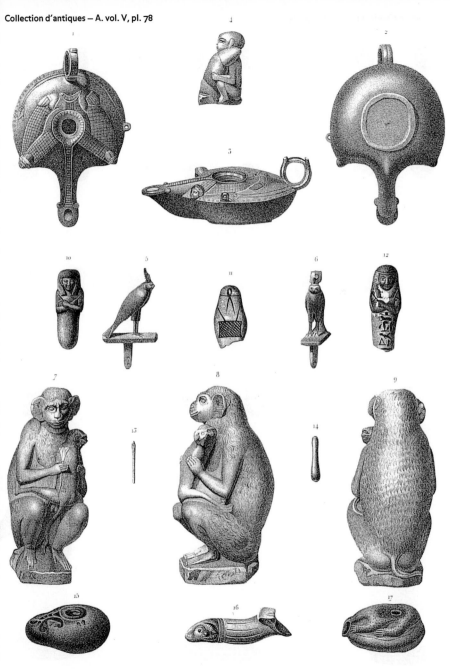

1.2.3.5.6 Lampe et figure en bronze. 4.7.8.9 Figures en pierre calcaire. 10.11.12.14 à 17 en terre cuite. 13 en cuivre.

Amulettes en forme de scarabées, en terre cuite, en jade et autres pierres dures.

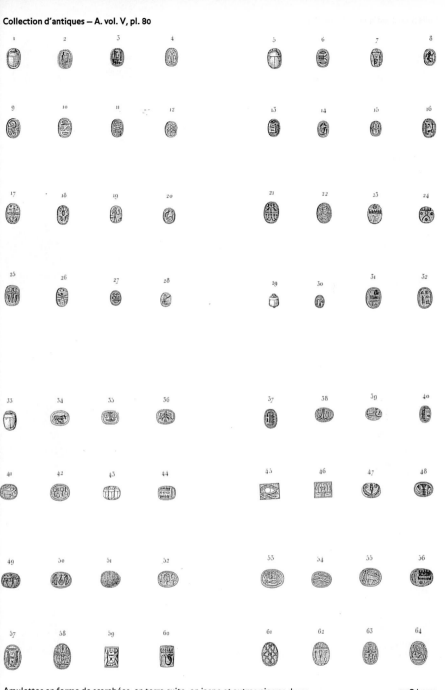

Amulettes en forme de scarabées, en terre cuite, en jaspe et autres pierres dures.

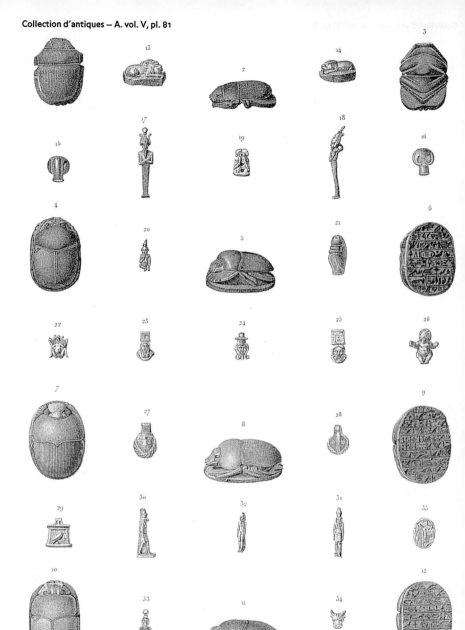

Amulettes en forme de scarabées et diverses figures en terre cuite, en argent, en hématite et autres pierres dures.

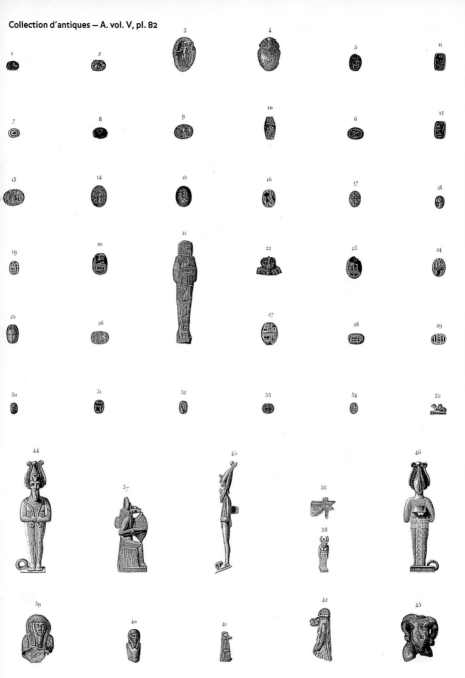

1.3 à 18 Pierres gravées en améthyste, jaspe, agathe, cornaline, lapis-lazuli et grenat. 2 en verre. 19.20.
23 à 36 Amulettes en scarabée et autres. 21.22.37 à 46 Figures en terre cuite, en bois et en bronze.

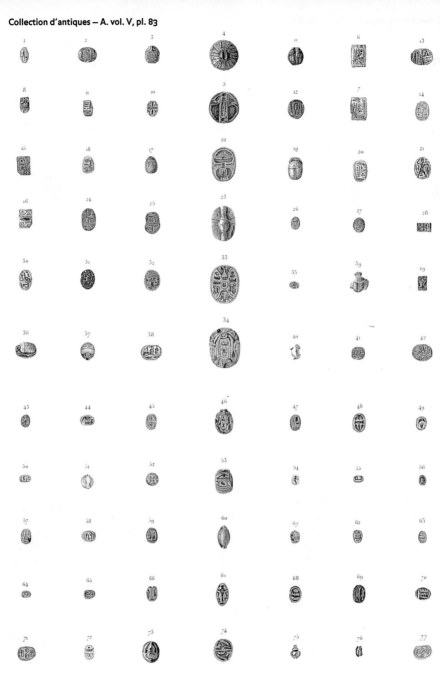

1.2.3.10 à 14.17.29 à 34.36 à 39.41 à 50.53 à 59.62 à 77 Amulettes en forme de scarabée, en terre cuite et en porcelaine. 4 à 9.15.16.28.35.40.51.52.60.61 Autres amulettes.

1 à 4.6 à 14.20.21.23.26.34.40.42.44.45.49 à 55.57 à 64.67 à 75.77 à 82 Figures, amulettes en scarabée et autres, en terre cuite. 5.36 Fragments de sculpture. 15.16.18.19.24.56.66 Vases en terre cuite. 17 en basalte. 22.38.39.76 en verre. 25 en albâtre. 35.37 Pierre gravée en cornaline. 43 en bronze. 46.47 Médaille en or. 48 en pierre de touche.

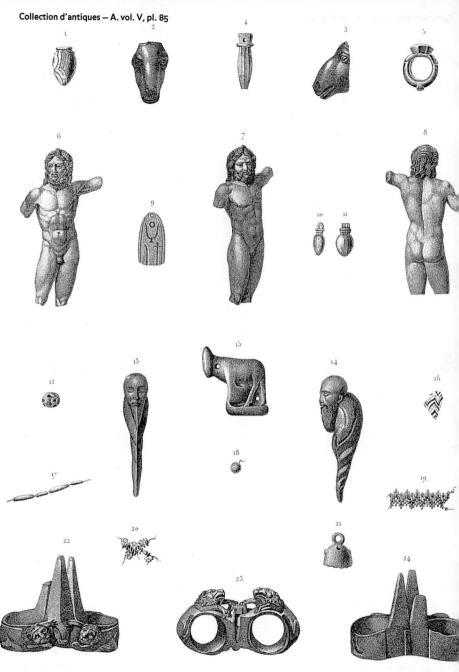

1. Amulettes en cornaline. 4.5.9 à 12.16 à 20. Amulettes et figures en terre cuite. 2.3. en jade. 6.7.8.13.14.21 à 24 en bronze. 15 en stéatite.

1 à 19.21 à 27.29.30.32 à 34. 36.38 à 41.43.46.48.49.51 à 62.64.65 Figures en terre cuite. 20 en marbre.
28.31.35.37.44.45 Amulettes. 42.47 en pierre. 48 en serpentine. 50.63 Vase et lampe en terre cuite. **554 | 555**

1 à 13.15 à 37.40 à 44.48 à 56.58.61 à 64.66 à 84 Figures, amulettes en scarabée et autres, en terre cuite. 14 en bois. 38.39.45.46.47.57.65 en bronze. 59.60 en émeraude.

1.2.7 à 31.33 à 36.38.39.41 à 44.46.47.49.52 à 65.68 à 70 Amulettes en terre cuite. 3.6.45.51 Amulettes en forme de scarabée. 4.5 Figure en terre cuite. 32.37.48.50 Fragments à fond de couleur émaillé, et verres colorés avec hiéroglyphes en blanc. 40 en bronze. 66.67 Pierres gravées trouvées en Syrie.

1.3.4.5 Toiles peintes. 2 Masque en bois. 6.14.28 Objets en terre cuite. 7 à 13.16.18 à 27.29 Diverses figures et amulettes en forme de scarabées. 15 Fragment de bas-relief. 17 Tête de bœuf en pierre.

ETAT MODERNE

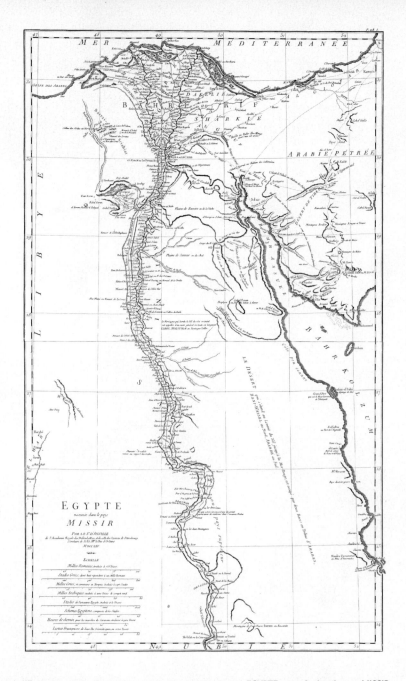

Carte de l'Egypte moderne (Bourguignon d'Anville, 1765) intitulée: **EGYPTE nommée dans le pays MISSIR.**

VOLUME I

Villes et sites de Haute
et Basse Egypte

1.2 Vues des environs d'Asouan ou Syene. 3.4 Plan et minaret d'Esné. 5 Minaret de Syout.

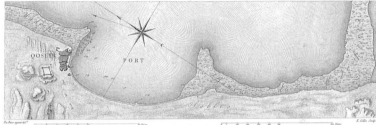

1.2 Vues des tombeaux de Qéné. 3.4 Plan et vue du port de Qoseyr.

1 Vue des environs de la ville pendant l'inondation. 2 Vue d'un pont situé à l'entrée de la ville.

Vue de la ville et de la chaîne arabique, prise du couchant.

1 Vue d'un village sur la rive gauche du Nil. 2 Vue de Minyeh.

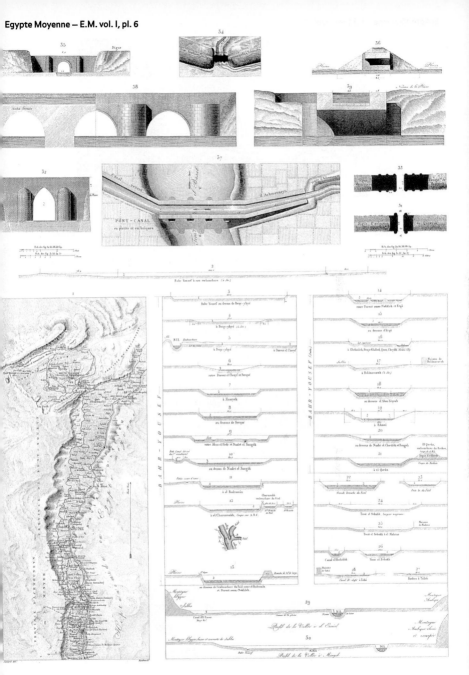

1 à 28 Plan et profils du Bahr Yousef, du Bathen et de plusieurs canaux qui en dépendent.
29.30 Profils de la vallée. 31 à 36 Ponts et digues d'irrigation. 37.38.39 Pont-canal à Etqâ.

1

2

3

1.3 Vues de plusieurs points de la chaîne arabique. 2 Vue de la montagne des oiseaux et du monastère de la poulie.

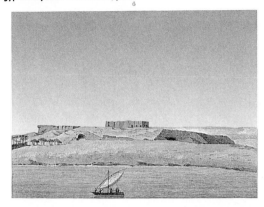

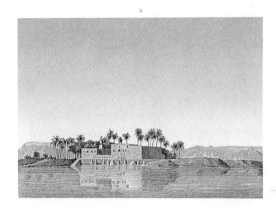

1 Vue de Senhour et du lac du Fayoum. 2.3 Tombeau et minaret à Beny-Soueyf. 4 Minaret à Bouch.
5 Vue de Torrah. 6 Vue d'un édifice arabe ruiné, sur la hauteur qui domine le vieux Kaire.

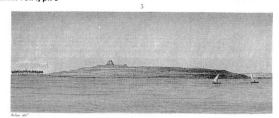

1 Vue de Beny-Soueyf. 2.3.4 Vue de Myt-Rahyneh et de plusieurs points des bords du Nil.

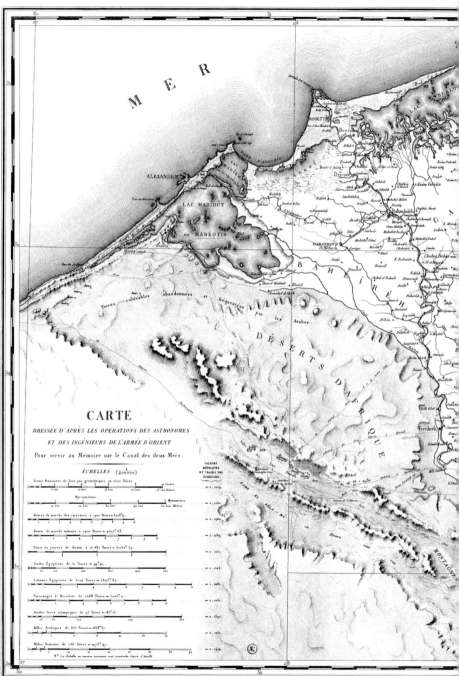

CARTE

DRESSÉE D'APRÈS LES OPÉRATIONS DES ASTRONOMES

ET DES INGÉNIEURS DE L'ARMÉE D'ORIENT

Pour servir au Mémoire sur le Canal des deux Mers.

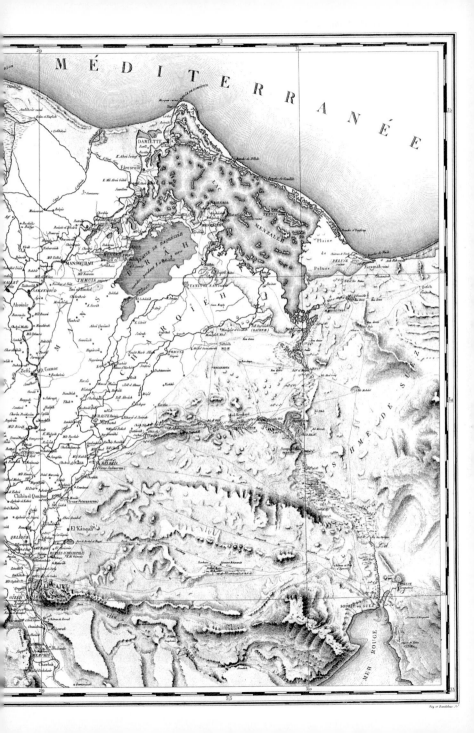

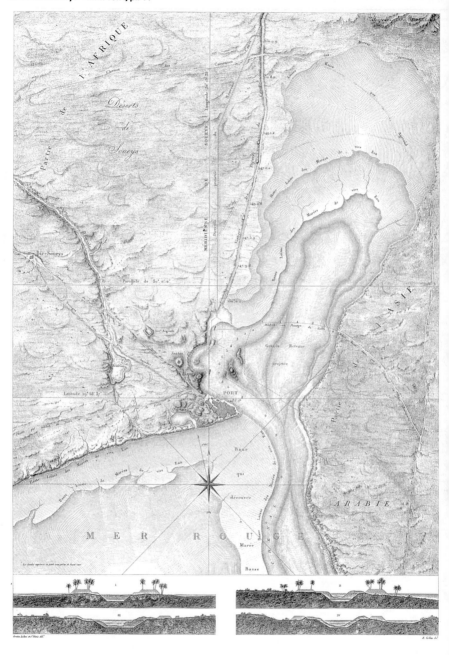

Plan du port de Soueys et du fond du golfe arabique. Profil du canal projeté entre les deux mers.

1 Vue de la ville et du port de Soueys. 2 Vue du fort d'Ageroud.

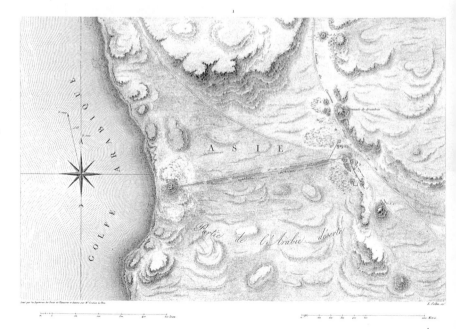

1 Plan et nivellement des sources dites de Moyse. 2 Vue des sources et des environs.

Tableau synoptique des différents points de nivellement de l'isthme, rapportés au Meqyas de l'île de Roudah.

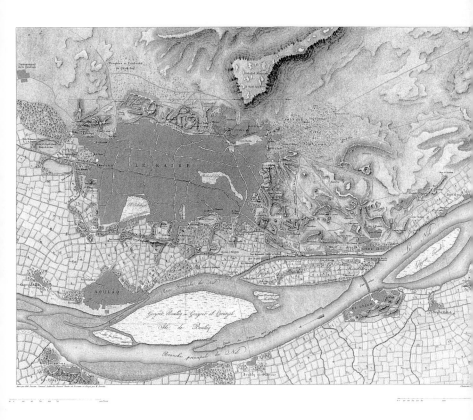

Plan général de Boulâq, du Kaire, de l'île de Roudah, du Vieux-Kaire et de Gyzeh.

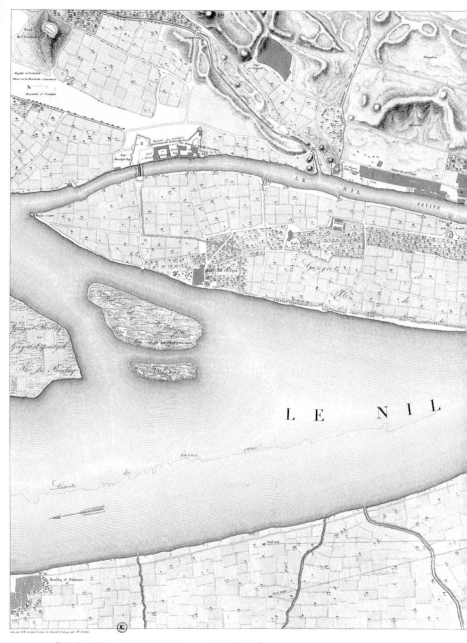

Plan particulier de l'île de Roudah, du Vieux-Kaire et de Gyzeh.

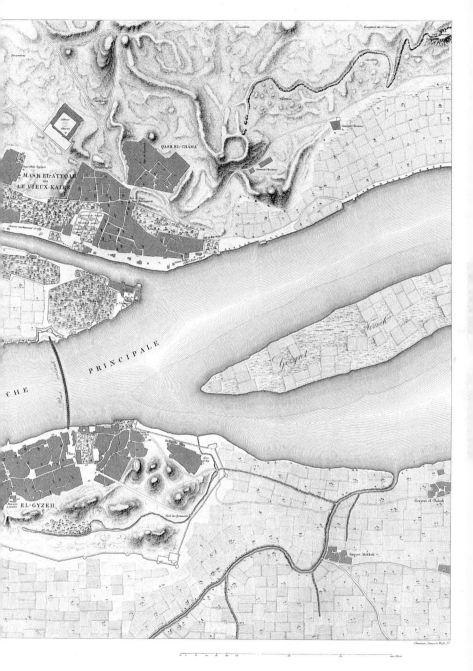

1 Vue du petit bras du Nil vis-à-vis de l'île de Roudah. 2 Vue de l'allée des sycomores dans l'île de Roudah. 3 Vue du jardin de Mourâd Bey à Gyzeh.

Vue du Vieux-Kaire. 2 Vue d'un santon ou tombeau de Cheykh et de l'aquéduc de la citadelle.

Vue de la prise d'eau du canal du Kaire, et de la fête qu'on célèbre annuellement à l'ouverture de la digue.

Vue de l'aqueduc situé près le Vieux-Kaire, prise de l'île de Roudah.

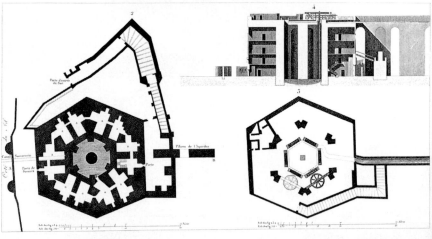

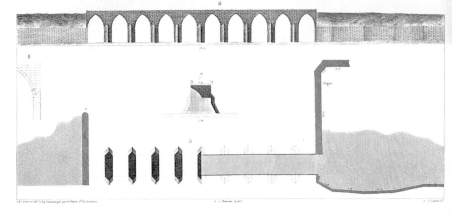

1 Vue de la plaine de la Qoubbeh. 2.3.4 Prise d'eau de l'acquéduc du Kaire. 5.8 Pont de la plaine des pyramides.

Vue d'une mosquée ruinée dans l'île de Roudah.

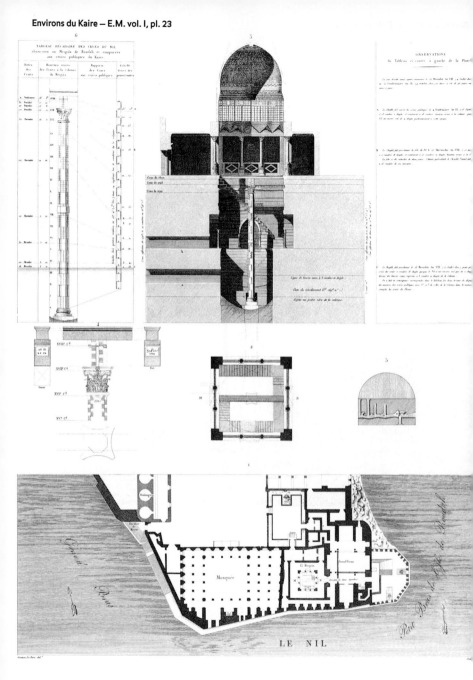

1 Plan général du Meqyâs ou nilomètre. 2 Plan du puits. 3 Coupe du nilomètre. 4.5.6 Détails de la colonne.

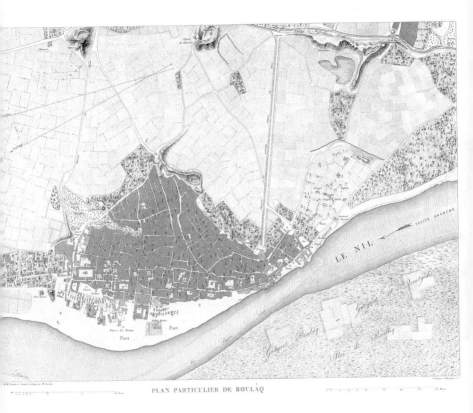

PLAN PARTICULIER DE BOULÂQ

Plan particulier de Boulâq.

Vue du port et de la grande mosquée de Boulâq.

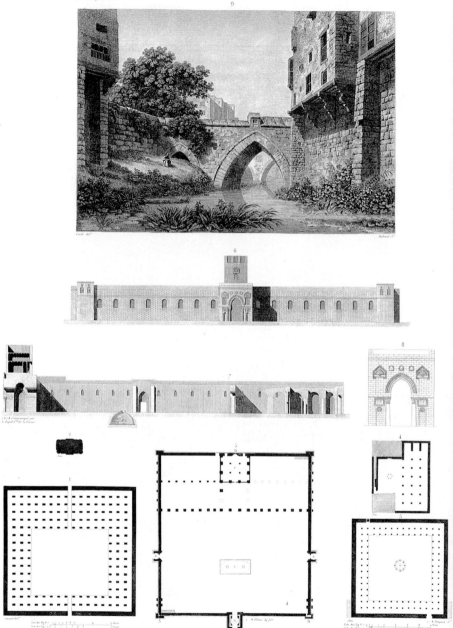

1.2.3.4 Plans de plusieurs grandes mosquées. 5.6.7.8 Plan, élévations et coupe de la mosquée appellée Gâma' el Dâher. 9 Ponts situés sur le canal du Kaire.

Arton del.t   *Baudet et Normand fils Ag fort*   *Polygam N.°*

Vue extérieure de la mosquée de Touloun.

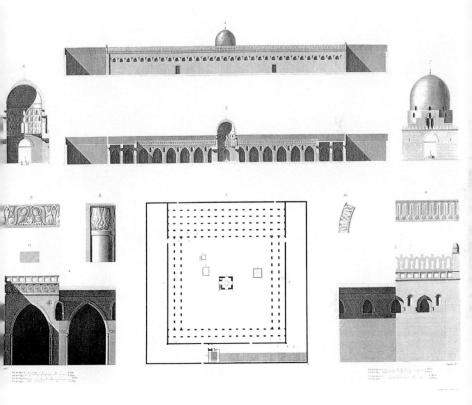

Plan, élévation, coupe et détails d'ornement de la mosquée de Touloun.

Vue perspective intérieure de la mosquée de Touloun.

Vue de la mosquée de Soultân Hasan.

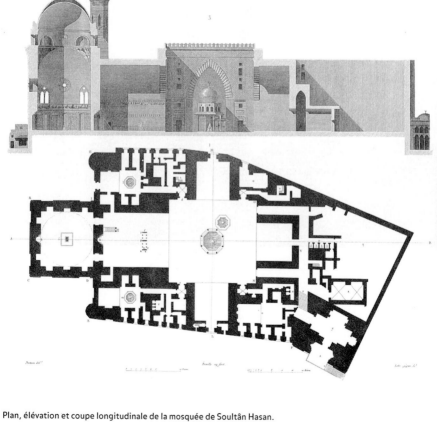

Plan, élévation et coupe longitudinale de la mosquée de Soultân Hasan.

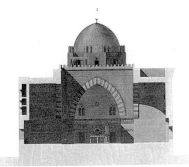

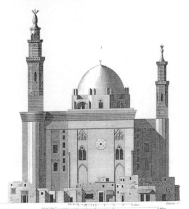

1.2 Elévation et coupe transversale de la mosquée de Soultân Hasan. 3 Détail de la porte d'entrée. **600 | 601**

1 Portion de la coupe transversale de la mosquée de Soultân Hasan. 2.3 Détails de portes intérieures. 4.5 Détails du pavillon destiné aux ablutions.

Détails d'architecture de la mosquée de Soultân Hasan.

Vue perspective intérieure de la mosquée de Soultân Hasan.

Vue perspective extérieure de la mosquée de Soultân Hasan.

Vue de la place appellée Birket-el-Fyl, prise pendant l'inondation.

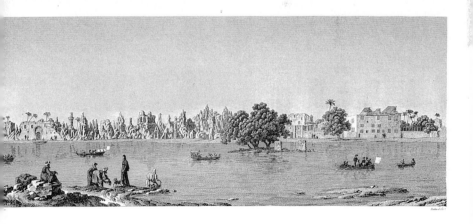

1 Vue du quartier général de l'armée française. 2 Vue de la place Ezbekyeh.

Vue de la place Ezbekyeh; côté sud.

Berthault

Vue de la place Ezbekyeh; côté de l'ouest et du nord-ouest.

Vue de la place Ezbekyeh; côté de l'ouest.

Perthault Sc.

Vue du jardin et de l'étang de Qasim Bey.

Vue prise d'un jardin situé près de la porte de Nasryeh.

Vue perspective de la porte appellée Bab el Nasr.

Vue perspective de la porte appellée Bab el Foutouh.

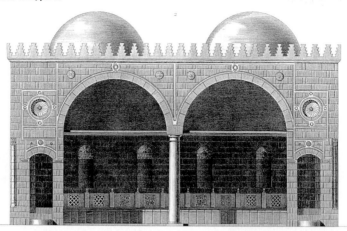

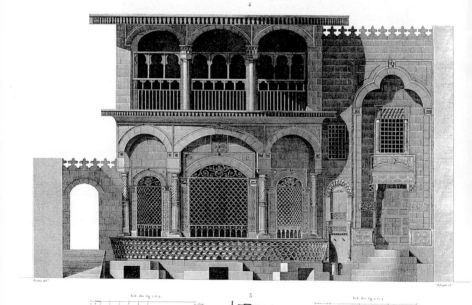

1.2 Plan et élévation d'un abreuvoir près la porte appellée Qarâ Meydân. 3.4 Plan et élévation de la citerne appellée Sibil Ali Aġha.

Plan, coupe et vues perspectives d'un bain public.

Vue intérieure de la maison d'Osmân Bey.

1 Vue d'une salle de la maison de Solymân Aghâ. 2 Vue intérieure du palais de Qasim Bey.

2

1

1 Vue du jardin du palais d'Elfy-Bey, quartier général de l'armée française. 2 Vue de la caravane de Tôr près la ville des tombeaux.

1 Plan et élévation d'une porte intérieure du palais de Negm Ed-Din dans la cour du Meqyas de Roudah. 2.3 Vue perspective et détail d'une porte de la maison de Soultân Dâher Beybars.

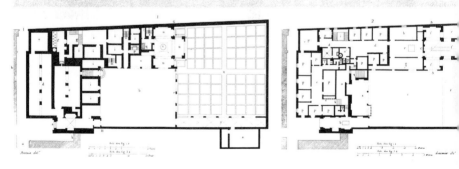

1.2 Plans du rez de chaussée et du 1er étage de la maison de Hasân Kâchef ou de l'Institut. 3.4 Elévations sur la cour et sur le jardin.

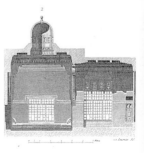

1 à 3 Coupes et vue intérieure d'une grande salle de la maison de Hasân Kâchef, destinée aux séances de l'Institut. 4 Détail d'une porte de la cour.

1.2.3 Porte d'entrée et détails de la maison de Hasân Kâchef. 4.5.6 Vue et détails de la treille du jardin.

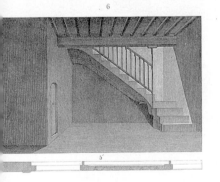

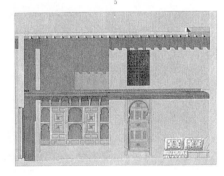

1 Vue du jardin de la maison de Hasân Kâchef ou de l'Institut. 2.3.4 Plans de la maison d'Ybrâhym el Sennary. 6.5.5' Vue intérieure et coupe de la même maison.

Elévation de la maison d'Ybrâhim Kikheyd el Sennary.

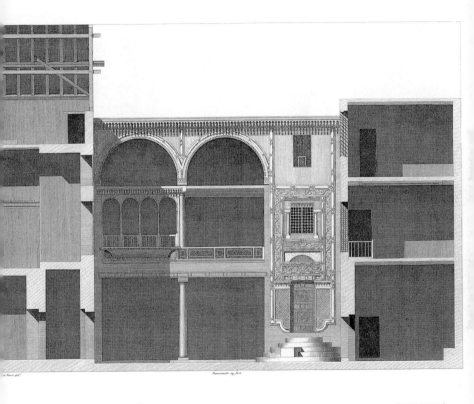

Coupe de la maison d'Ybrâhim Kikheyd el Sennary.

Vue intérieure de l'une des cours de la maison d'Asân Kachef.

Vue générale de la ville des tombeaux.

Parca Sc.

Vue de la ville des tombeaux, prise de la citadelle.

1.2 Vues des tombeaux situés près de Gebel Moqattam. 3 Vue des tombeaux situés près de la porte de Qarâfeh.

1 Plan d'une partie de la ville des tombeaux. 2 à 9 Plans et élévations de plusieurs tombeaux de Mam-Louks.

Vues et détails dessinés dans la ville des tombeaux.

Vue perspective d'une partie de la ville des tombeaux.

Vue de la place appellée El Roumeyleh et de la citadelle.

Vue de la citadelle du côté de la porte de Moqattam.

Vue intérieure de la porte appellée Bâb el Gebel.

Vue intérieure d'une mosquée, connue sous le nom de Divan de Joseph.

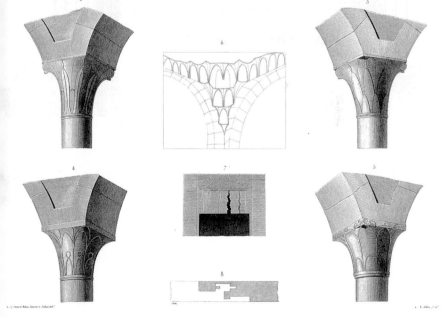

1 à 6 Vue extérieure et détails du Divan de Joseph. 7.8 Détails de construction.

Le Kaire. Citadelle — E.M. vol. I, pl. 72

▷ **Le Kaire. Citadelle — E.M. vol. I, pl. 73**

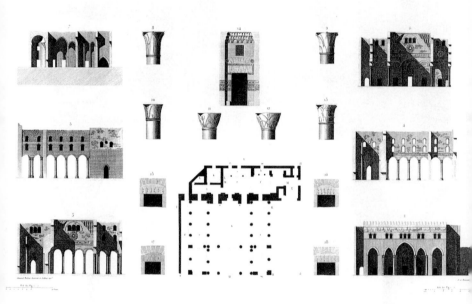

1 à 13 Plan, élévations, coupes et détails de chapiteaux du Divan de Joseph. 14 à 18 Détails de portes.

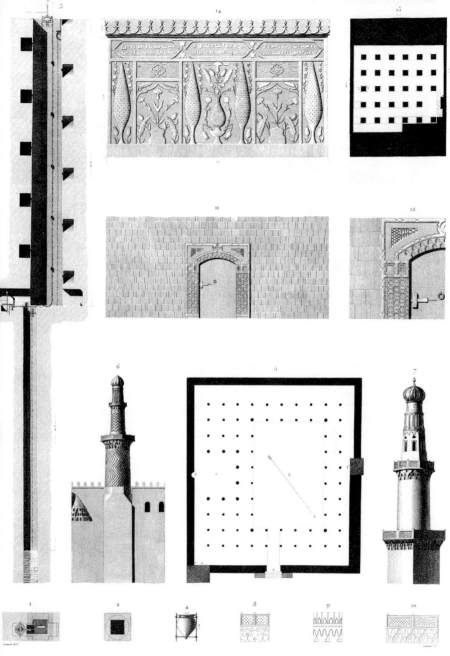

1 à 4 Puits de Joseph. 5 à 10 Plan et détails de la mosquée de Soultân Qalàoun. 11.12 Détails d'une porte. 13 Citerne appellée Sibyl Kikheyd. 14 Tombeau en marbre.

1.2 Vues de Birket el Hâggy. 3.4 Elévations et coupe du pont de Beysous. 5 Pont de Chybyn. 6 Tourelles contre les Arabes.

1 Vue d'un village situé sur le Nil près de Damiette. 2 Vue de Belbeys.

1.2.3 Vues de trois villages situés sur la branche de Damiette. 4 Vue de la pêche sur le lac Menzaleh.

1.3.4 Vues des tombeaux de Damiette. 2 Vue d'un village ruiné, environné de tombeaux.

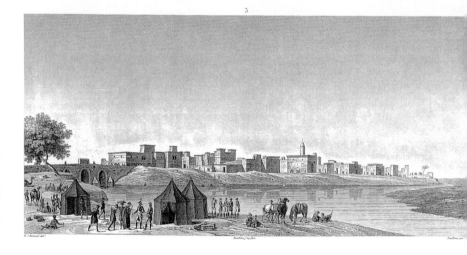

1.2 Vues de Beny-Salâmeh et d'un puits sur la branche de Rosette. 3 Vue d'Omm-Dynâr prise du côté de l'est.

1à 4 Vues de Foueh et de trois autres villages sur la branche de Rosette.

1.2 Vue de la colline appellée Tell Abou Menna et de Kafr el Geneyneh dans le delta.

1 Vue de la ville de Rosette et de l'île de Farcheh. 2 Vue du Boghâz ou embouchure du Nil.

1 à 10 Plans, élévations et détails de plusieurs maisons de Rosette. 11.12 Vues de plusieurs tombeaux des environs.

1 Vue d'une maison des environs de Rosette. 2 Vue du port d'Abouqyr.

Plan général des deux ports, de la ville moderne, et de la ville des Arabes.

MÉDITERRANÉE

le Diamant
Fond de Gravier
le Phare
Fond de Roche
Fond de Sable
Fond de Sable
Fond de Sable

Pharillon

PORT NEUF?

Pharillon

Côte

Santon

Tour des Romains
Cimetière
Obélisque

Monastère Grec
Colonne Pompée
Maison Abbonier

Porte de Rosette

Chemin d'Aboukqr

A R A B E S

Chemin de Ramanick

A R É O T I S

Dressé par l'Ingénieur Cordier Adjoint de la place de Paris
1809 Reboul

658 | 659

VOLUME II

Alexandrie

Arts et métiers

Costumes et portraits

Vases, meubles
et instruments

Inscriptions, monnaies
et médailles

Vue du Port-Neuf, prise du cimetière qui le sépare du Port-Vieux.

Vue du Port-Neuf prise du rivage, du côté du sud-est.

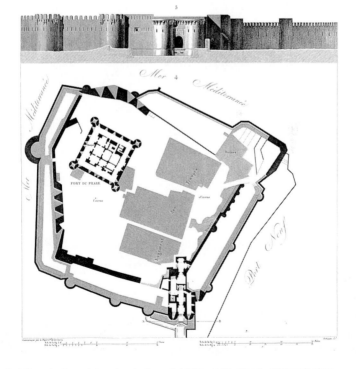

1.2.3 Vues du château du phare et du rocher du diamant. 4.5 Plan et élévation du château du phare.

1 Vue du Port-Neuf prise en mer du côté du nord. 2 Vue du Port-Vieux prise en rade du côté du sud-ouest.

1.2 Tours de l'enceinte des Arabes, situées près du Port-Vieux. 3 à 6 Vues intérieures de plusieurs tours de l'enceinte des Arabes.

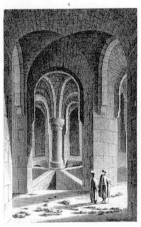

Plans et vues intérieures de plusieurs tours de l'enceinte des Arabes.

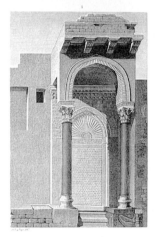

1 à 4 Vues d'une mosquée ruinée et de plusieurs tours de l'enceinte des Arabes. 5 Vue de l'arbre des pélerins et de l'aquéduc. 6.7 Plans d'une maison particulière.

Vues perspectives intérieures d'une maison particulière.

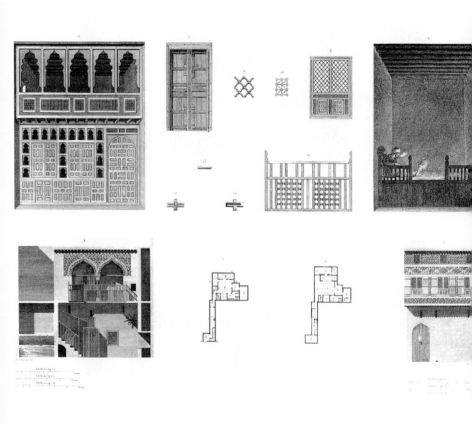

Plans, coupes, élévations et détails de menuiserie d'une maison turque.

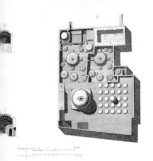

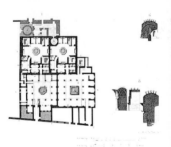

Plans, coupes et vues intérieures d'un bain public.

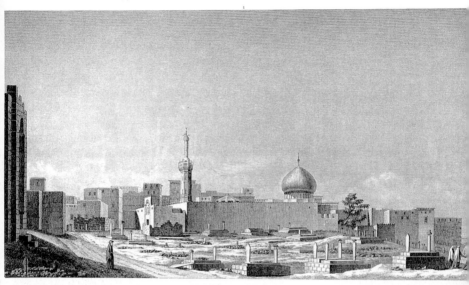

1 Vue de la place des tombeaux. 2 Vue des terrasses d'une partie de la ville.

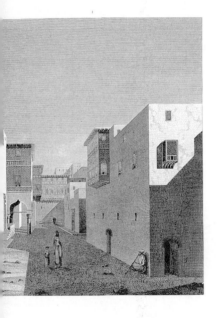

1 Vue d'une rue conduisant au Port-Vieux. 2 Vue du grand bazar ou marché principal.

Vue de l'esplanade ou grande place du Port-Neuf et de l'enceinte des Arabes, première partie.

Vue de l'esplanade ou grande place du Port-Neuf et de l'enceinte des Arabes, seconde partie.

1 Vue du pont de l'aquéduc sur le canal d'Alexandrie. 2 Vue du débarquement de l'armée française en Egypte, à la tour dite du Marabou.

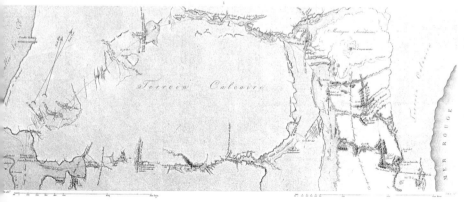

1 Carte d'une partie des déserts situés entre Syout et la Mer Rouge. 2 Vue de Gebel Ghâreb.

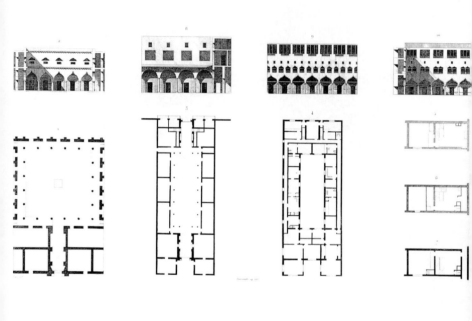

1.2 Plan et élévation d'un okel d'Alexandrie. 3.4 Plan d'un okel de Damiette. 5.6.7 Plans d'un appartement d'okel. 8 Coupe d'okel. 9.10 Okels de Rosette.

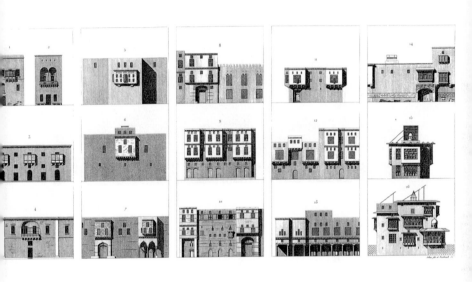

1.2.3.4 Maisons de Malte. 5.6.7 Maisons d'Alexandrie. 8.9.10 Maisons de Rosette. 11.12.13 Maisons de Damiette. 14.15.16 Maisons du Kaire.

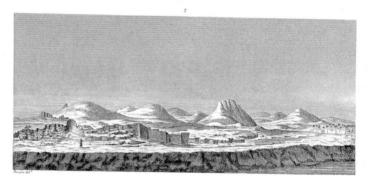

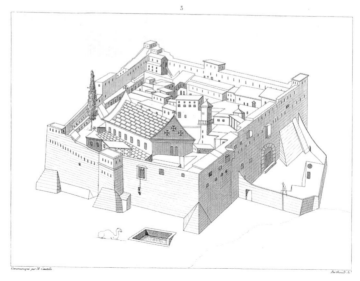

1 Montagnes de grès au sud de Gebel Selseleh. 2 Montagnes de grès renfermant des carrières anciennes. 3 Vue du couvent de Ste . Catherine, peinte dans l'église du Mont-Sinaï.

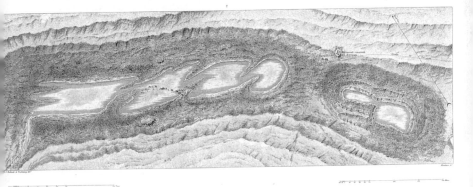

1 Vue d'El Rahâouy, près Omm-Dynâr, prise du côté de l'ouest. 2 Carte topographique des deux principaux lacs de Natroun. 3 Vue du bâtiment appelé Qasr, prise du côté du sud-ouest.

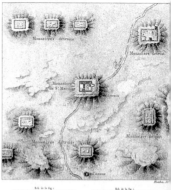

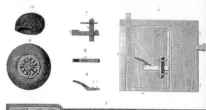

1.2 Plan et vue du monastère St. Macaire. 3 Vue des monastères Anbâ-Bichây et du Sayd ou des Syriens. 4 Vue intérieure du monastère Anbâ-Bichây. 5 à 11 Plan et détails du monastère du Sayd ou des Syriens.

ARTS ET MÉTIERS

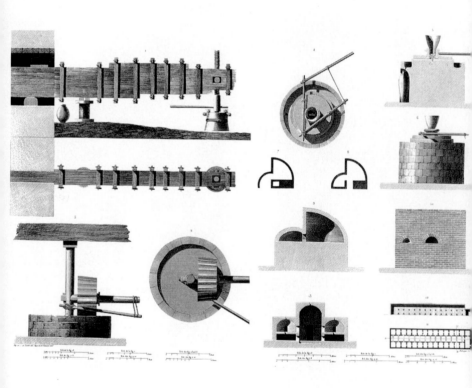

1 Pressoir à huile de lin. 2.3 Moulin à huile de lin. 4.5.6 Moulin à huile de sésame. 7.8.9.10 Fourneau à torréfier la graine de sésame. 11.12.13 Four à poulets de Louqsor.

1.2.3 Four à poulets du Kaire. 4.5.6 Four à chaux. 7.8 Four à plâtre. 9.10.11 Four à poteries. 12 Tour du potier. 13.14.15.16 Four à verrerie. 17.18.19 Four à verrerie pour le sel ammoniaque. 20.21.22.23 Four à sel ammoniaque.

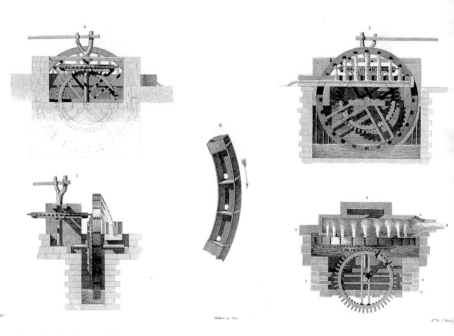

Vue et détails de la roue à jantes creuses ou machine à arroser.

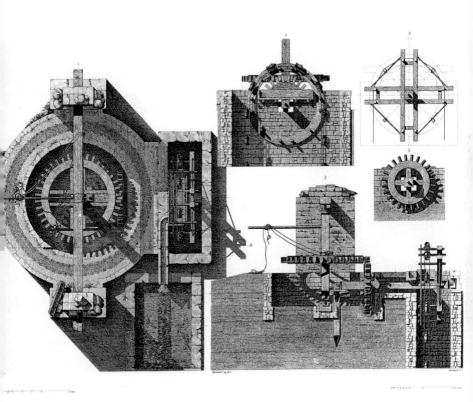

Plan, coupe et détails de la roue à pots ou machine à arroser.

Vue de la roue à pots ou machine à arroser.

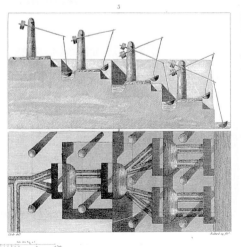

Vues et détails de deux machines à arroser, appellées châdouf et mentâl.

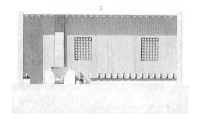

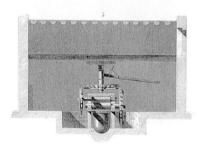

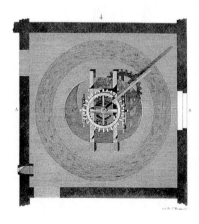

Vue, plans et coupes du moulin à sucre.

1 Charrue. 2 Machine à battre les grains.

1 Charrue; 2.3 Machine à battre les grains. 4 à 7 Machine à blanchir le riz. 8.9.10 Moulin à farine.

1 Le meunier. 2 Le boulanger. 3 Le confiseur ou fabricant de pâtes sucrées. 4 Le pâtissier.

1 Le vinaigrier. 2 Le distillateur.

Vue intérieure d'un moulin à huile.

Vue intérieure de l'attélier du tisserand.

1 Le passementier. 2 Le faiseur de cordonnets. 3 Le fabricant d'étoffes de laine. 4 Le ceinturonnier.

1 L'arçonneur de coton. 2.3 Le fileur et la dévideuse de laine. 4.5 Le tourneur et le serrurier en bois.

1 Le teinturier. 2 Le cordier.

1 Le brodeur au tambour. 2 Le fabricant de feutres.

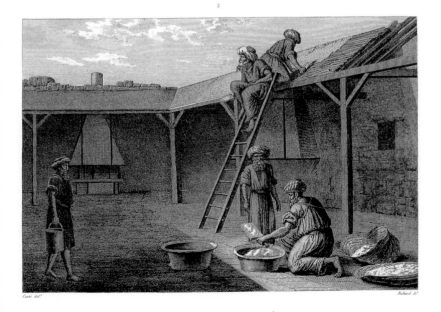

1 Le maçon. 2 Le couvreur.

1 Le charpentier et le scieur de long. 2 Le menuisier.

1 Le faiseur de nattes. 2 Le faiseur de couffes.

1 Le chaudronnier. 2 Le forgeron.

Vue intérieure de l'attélier du fabricant de poteries.

Le fabricant de bouteilles de verre.

Le fabricant de sel ammoniaque.

1 L'émouleur. 2 Le barbier.

1 Le taillandier. 2 Moulin à plâtre. 3 Attélier où l'on brûle le caffé. 4 Le fabricant de maroquin.

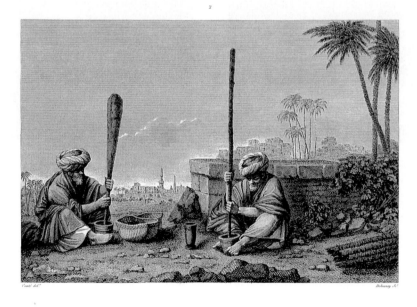

1 Le faiseur de tuyaux de pipe. 2 Le pileur de tabac.

1 La faiseuse de mottes à brûler. 2 Le chamelier.

Le jardinier.

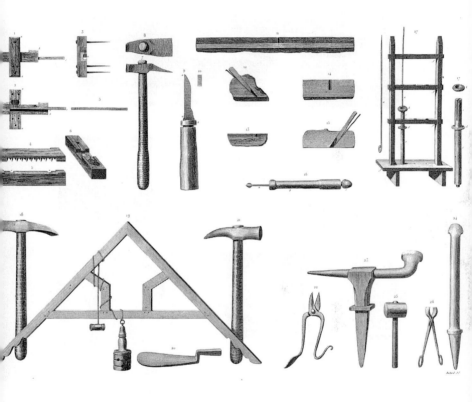

1.2.3 Serrure égyptienne. 4.5.6 Autre serrure en bois. 7.8 Qaddoum ou essette. 9.10 Bec d'âne.
11 Feuilleret. 12 à 15 Deux rabots. 16 Foret. 17 Machine à forer les tuyaux de pipe. 18.19.20 Outils
du maçon. 21 à 26 Outils du chaudronnier et du ferblantier.

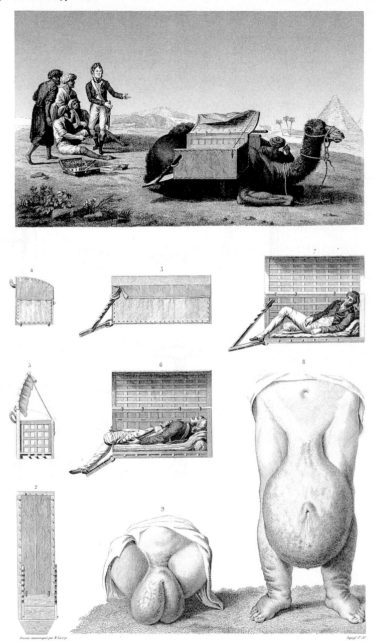

1 à 7 Vue et détails de paniers propres au transport des blessés. 8.9 Sarcocèles d'homme et de femme.

Costumes
et portraits

1 Sâys ou palefrenier. 2 Femme du peuple.

1 Le poète. 2 L'astronome.

1 Almés ou danseuses publiques. 2 Santons d'Abyssinie et de Constantinople.

1 Le mamlouk. Le marin d'Alexandrie.

1 L'Emir Hâggy. 2 Habitans de l'oasis et du Mont Sinaï. 3 Le Chykh Sâdât. 4 Le joueur de violon. 5 Habitant de Damas.

1 Enfant d'Alexandrie. 2 Evêque d'Abyssinie. 3 Femme franque. 4 Aghâ du Kaire. 5 Cheykh du Kaire.
6 Drogman de Mourâd Bey.

Mourâd Bey

Seyd Moustafā Pâchâ blessé à la bataille d'Abouqyr.

1.4.5 Coptes. 2 Homme de la grande oasis. 3.9.10.12.15.16.17 Cheykhs et gens de loi du Kaire et de Constantinople. 6.7 Batéliers de Damiette. 8 Mamlouks. 11.13 Santon nègre. 14 Marchand d'Alexandrie.

1.2.3.4 Costumes de femmes et de marchands. 5 Saqqâ ou porteur d'eau. 6 Anier.

1.2.4.11 Costumes militaires. 3 Janissaire. 5.8 Beys. 7.17 Mamlouks. 12.15 Arabes. 13.14 Almés.
16.18.20.21 Cheykhs. 25.27 Femmes dans le harem. 26 Mariée. 28. Ecrivain copte.
6.9.10.19.22.23.24.29.30 Divers costumes.

Vases,
meubles et
instruments

Instruments orientaux à corde connus en Egypte.

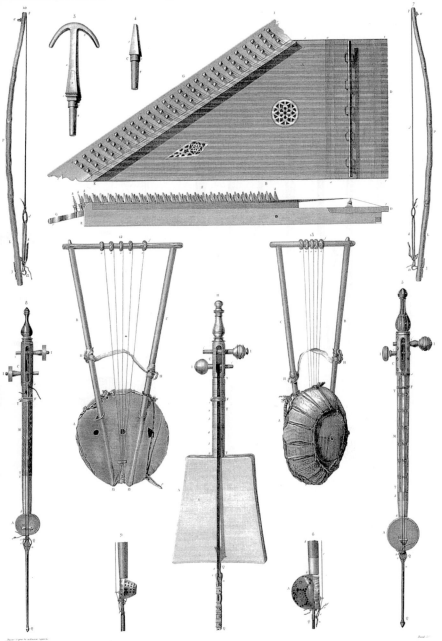

Instrumens à corde qui paroissent propres aux Egyptiens.

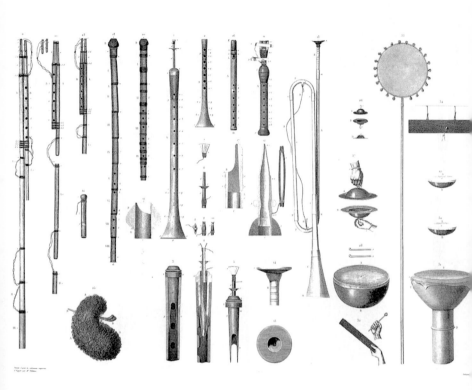

△ 1 à 25 Instrumens à vent des Egyptiens. 26 à 34 Instrumens bruyants et de percussion.
▷ 1 Collier arabe. 2 à 5 Arc et détails. 6 à 17 Flèches, bague et gantelet pour tirer de l'arc. 18.19 Carquois.
20.21 Cordes pour bander l'arc. 22.25 Aiguière et doraq. 24 à 27 Plateau et panier d'Abyssinie, en feuilles de doum.

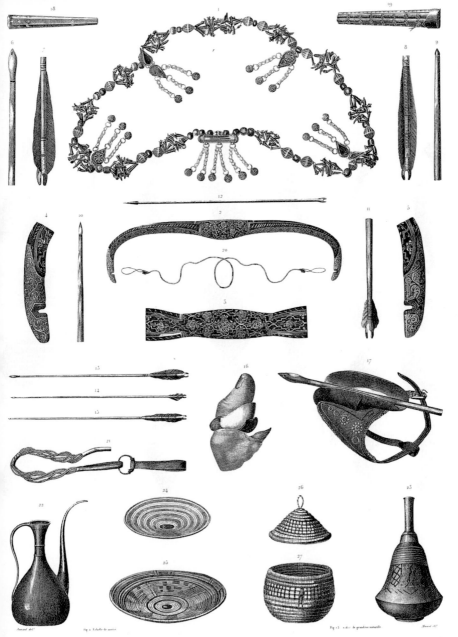

1 Qoulleh. 2.5.6.7.23 Barils. 4.10.11.12.17 Jarres. 3.9.20 Pots à chapelet. 18 Pot où nichent les pigeons. 22 Alambic. 24 Moule à sucre. 8.13.14.15.16.19.21 Autres vases pour divers usages.

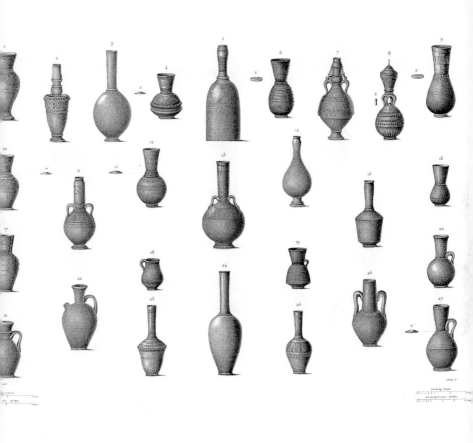

1.4.6.8.9.10.12.16.17 Qoulleh. 2.3.5.7.11.13.14.15.23.24.25.26 Doraq. 21.22.27 Ebryq. 18.19.20
Autres vases destinés à rafraîchir l'eau.

1 à 7 Tentes de mamlouk. 8 Boiserie de fenêtre. 9 Berceau. 10 Chassemouche. 11.12 Planchers en mosaïque.
13.14 Carreaux en fayence. 15.16 Coffret en nacre. 17.18.19 Ecritoire et détails. 20 Serrure en bois.
21.22 Cuillers en écaille, ornées d'ambre, de corail et de nacre.

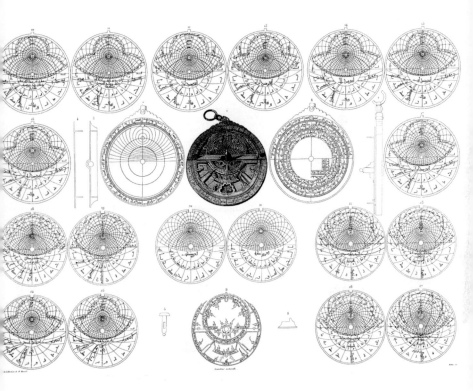

1 à 9 Astrolabe koufique en cuivre. 10 à 27 Plaques enfermées dans l'astrolabe.

1 à 6 Vases. 7 à 16 Paniers et ouvrages en feuilles de palmier. 17.18 Lanterne. 19 à 42 Sygy (jeu), ouvrages en peau, pipes.

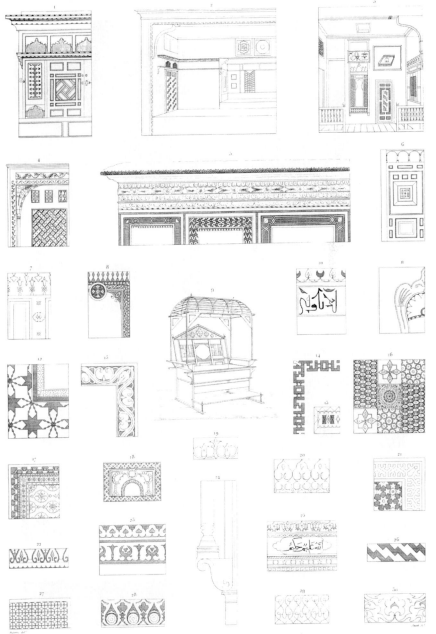

1 à 6.12.16.17.24.25.27 Détails de boiseries et d'ornemens divers, employés dans l'intérieur des appartemens.
9 Toilette. 7.8.10.11.13.14.15.18 à 23.26.28.29.30 Mosaïques et ornemens des tombeaux.

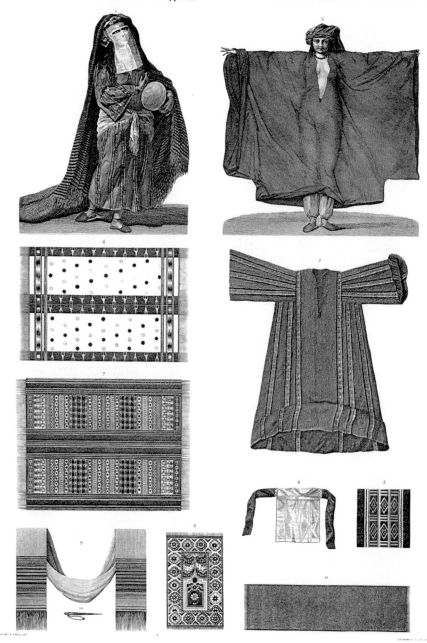

1.2.3 Robe d'almé en soie rouge. 4 Borqo ou voile. 5 Robe commune. 6.7.8 Couverture en soie. 9 Ceinture.
10 Aiguille.

1.2 Tunique de bain. 3 Robe d'almé en soie. 4 Borqo. 5.6.6' Mouchoirs. 7.8 Milâyeh. 9.10 Seggadeh. 11 Patin de bain. 12 à 19 Sandales. 20.21 Charrue.

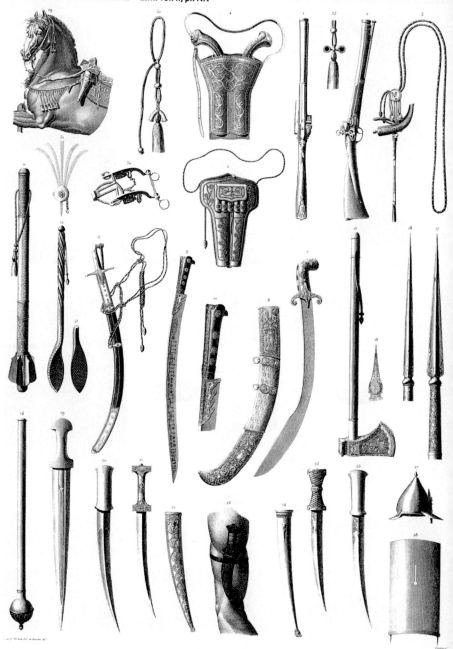

Armes de mamlouk. 1.5 Tromblon, pistolets, etc. 6.10 Sabres et coutelas. 11.18 Masses d'arme, hache, pique.
19.26 Poignards. 27.28 Casque et bouclier. 29 à 33 Harnachement.

INSCRIPTIONS, MONNAIES ET MÉDAILLES

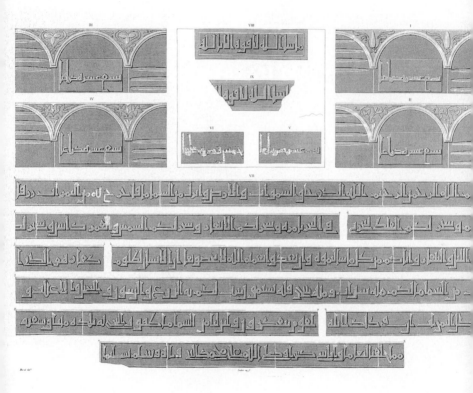

Inscriptions koufiques gravées sur le Meqyâs de l'île de Roudah.

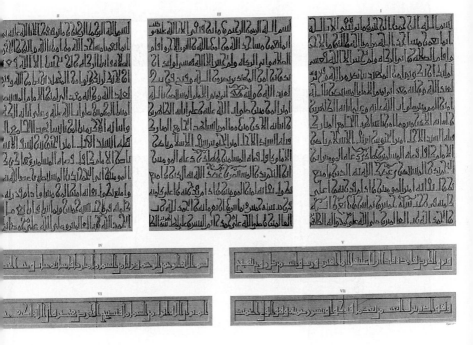

Inscriptions koufiques gravées sur le Meqyâs de l'île de Roudah.

Inscription et cadran koufiques de la mosquée de Touloun.

Inscriptions koufiques de la mosquée de Touloun, gravées sur bois.

Inscriptions koufiques de la mosquée de Touloun. 1.2.6 sur bois. 3.4.5 sur pierre.

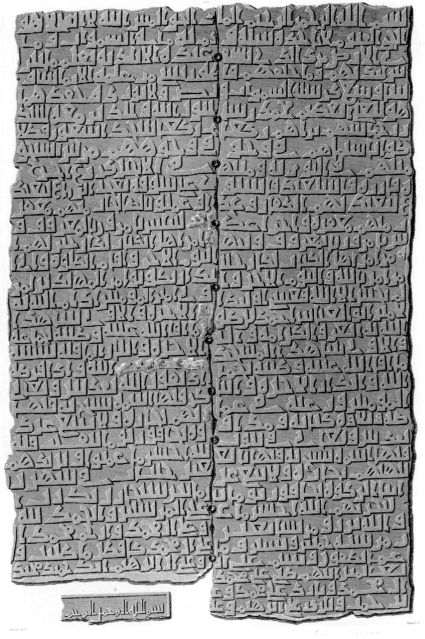

Inscriptions koufiques de la mosquée de Touloun, gravées sur marbre.

Inscriptions koufiques de la mosquée de Touloun et des environs. 1 à 5 Gravé sur marbre.

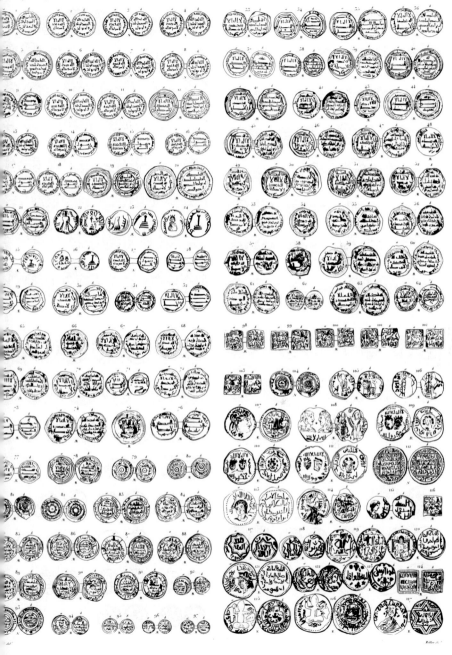

Médailles koufiques.

Médailles koufiques, arabes et persanes.

1 à 71 Médailles koufiques. 72 à 178 Pierres gravées, koufiques, arabes, persanes, Etc.

HISTOIRE

NATURELLE

Volume I

zoologie *(Vertébrés)*

Mammifères

Oiseaux

Reptiles

Poissons du Nil

Chauve-souris d'Egypte. 1.1' Taphien filet. 2.2' Nyctère de la Thébaïde. 3.3' Vespertilion pipistrelle.

Chauve-souris d'Egypte. 1.1' Rhinolophe trident. 2.2' Nictinôme d'Egypte. 3.3' Vespertilion oreillard (variété).

1

2

Chauve-souris d'Egypte. 1 Taphien perforé. 2 Roussette d'Egypte.

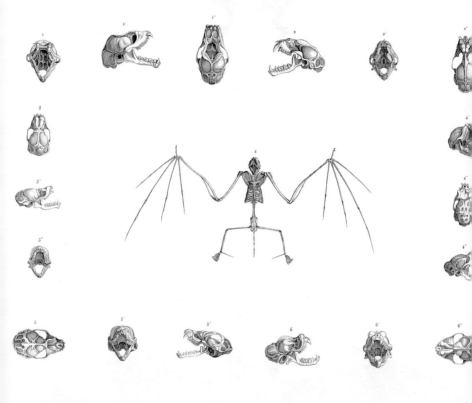

Chauve-souris d'Egypte. (Ostéologie). 1.1'.1'' Nyctère de la Thébaïde. 2.2'.2'' Rhinolophe trident. 3.3'.3'' Nictinôme d'Egypte. 4.4'.4'' Taphien perforé. 5.5'.5'' Vespertilion pipistrelle. 6 Taphien filet.

1 Rat d'Alexandrie. 2 Echimis d'Egypte. 3 Hérisson oreillard.

1 Mangouste ichneumon. 2 Lièvre d'Egypte.

1 Bélier à large queue. 2 Moufflon à manchettes.

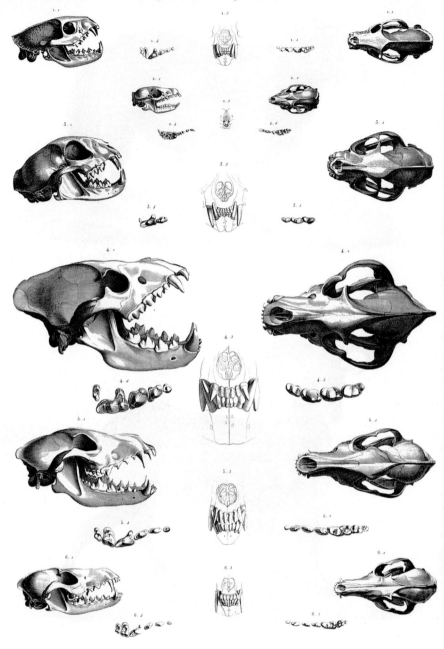

Carnassiers.

OISEAUX

Aigle criard (adulte)

1 Aigle criard (jeune). 2 Elanoïde blanc.

1 Le milan noir ou parasite. 2 Le hibou ascalaphe ou d'Egypte.

1 Le Coucal houhou. 2 Le Coua noir et blanc. 3 Le Guêpier Savigny. 4 Hirondelle de Riocour.

1 Le Traquet coureur. La Fauvette grisette. 3 La Fauvette babillarde. 4 La Fauvette pinc-pinc. 5 Le Pipi de Coutelle. 6 Le Pipi de Cécile. 7 Le Moineau cisalpin. 8 Le Bouvreuil de Payraudeau. 9 Colombe maillée.

1 Le Chevalier gambette. 2 Le Vanneau de Villoteau. 3 Le Pluvier à aigrette. 4 Le Pluvian.

1 L'Iris blanc ou sacré. 2 L'Ibis noir.

1 Le Héron garde-bœuf. 2 Le Cormoran d'Afrique.

1 L'Hirondelle de mer Tschegrava. 2 L'Hirondelle de mer Hansel. 3 La Mouette de Dorbigny.

1 Le Canard Casarca. 2 Le Canard à tête blanche.

Le Vautour brun.

L'Aigle de Thèbes.

1 Le Merle de roche. 2 Le Pouillot à ventre jaune. 3 La Fauvette locustelle. 4 La Fauvette des joncs. 5 Le Pipi des arbres. 6 L'Alouette cochevis. 7 Le Pigeon colombien ou de roche.

1 Le Grand Pluvier à collier. 2 Le Chevalier Sylvain. 3 Le Chevalier aux pieds verts. 4 Le Rhynchée du cap de Bonne-Espérance.

Reptiles

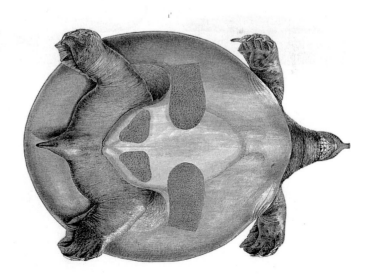

Trionyx d'Egypte. 1 Vu de côté. 1' Vu en dessous.

1 Crocodile vulgaire. 1' Crocodile vulgaire (jeune). 2 Stellion spinipède. 3 Stellion des anciens.

1 Tupinambis du Nil. 2 Ouaran de Forskal. 3 Anolis gigantesque.

1.2 Grenouille ponctuée. 3 Caméléon trapu. 4.4' Anolis pavé. 5 à 13 Parties anatomiques des Tupinambis du Nil. 14.15 Crâne de l'Ouragan de Forskal.

Bouquet Sc.t

1 Anolis marbré. 2 Agame marbré. 3.4 Agame variable. 5 Gecko lobé. 6 Gecko annulaire.
7 Variété du Gecko annulaire.

1 Eryx de la Thébaïde. 2 Eryx du delta. 3 Vipère Céraste.

1 Vipère des pyramides. 2 Vipère Hajé (adulte). 3 Vipère Hajé (jeune). 4.5 Parties de la vipère Hajé.
6 Couleuvre maillée.

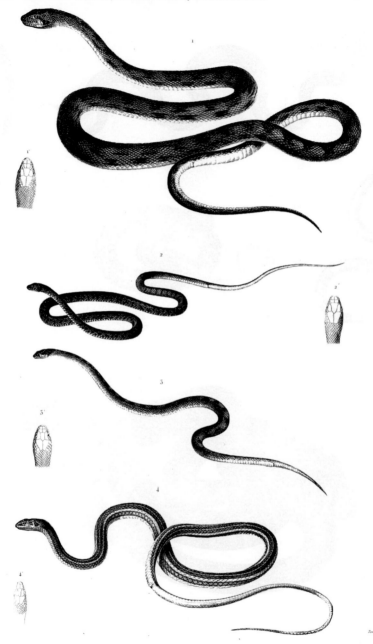

1.1' Couleuvre aux raies parallèles. 2.2' Couleuvre à bouquets. 3.3' Couleuvre à capuchon. 4.4' Couleuvre oreillard.

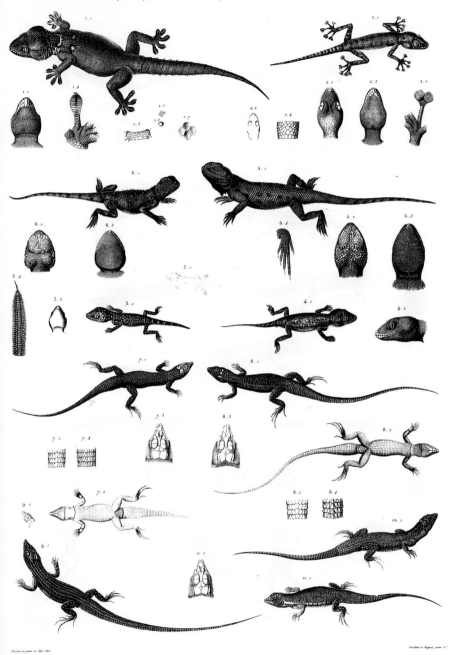

Geckos. Agames. Lézards.

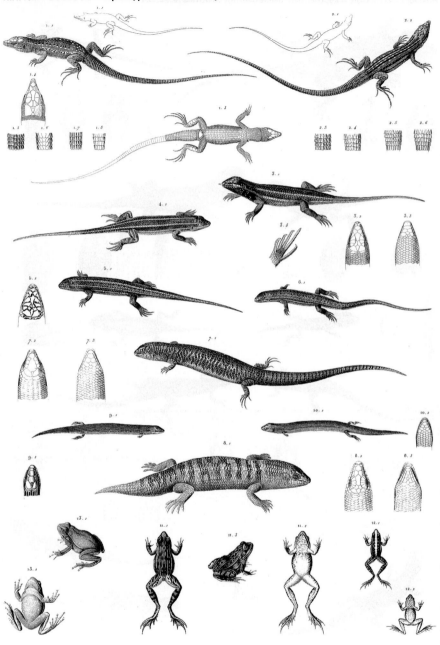

Lézards. Scinques. Grenouilles.

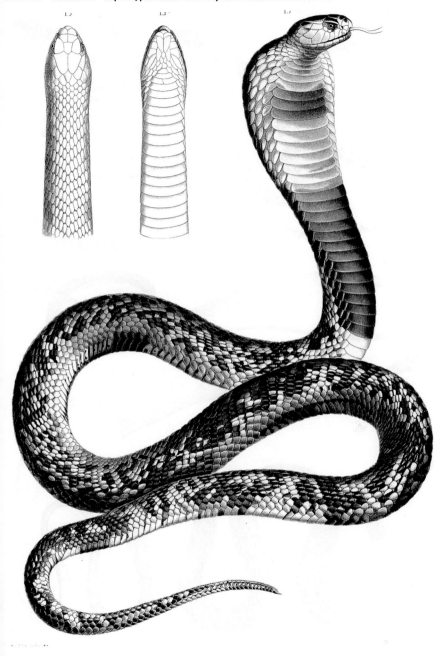

L'Aspic.

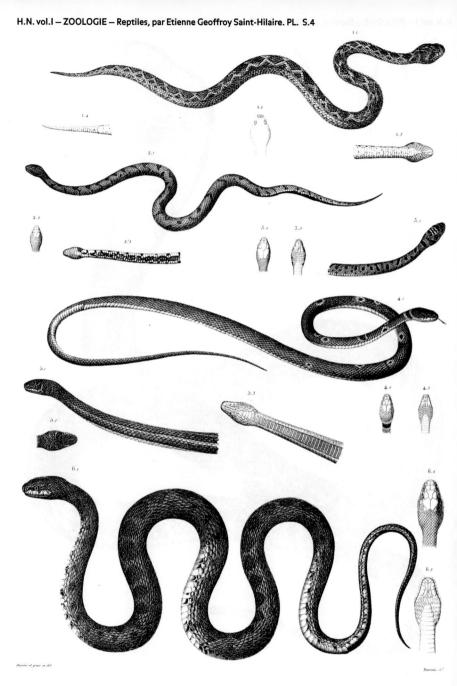

Vipères et couleuvres.

Couleuvres.

POISSONS DU NIL

1

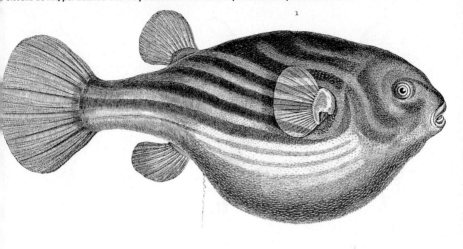

2

1 Le Tetrodon Fahaka (Tetrodon physa). 2 Le Tetrodon hérissé (Tetrodon hispidus).

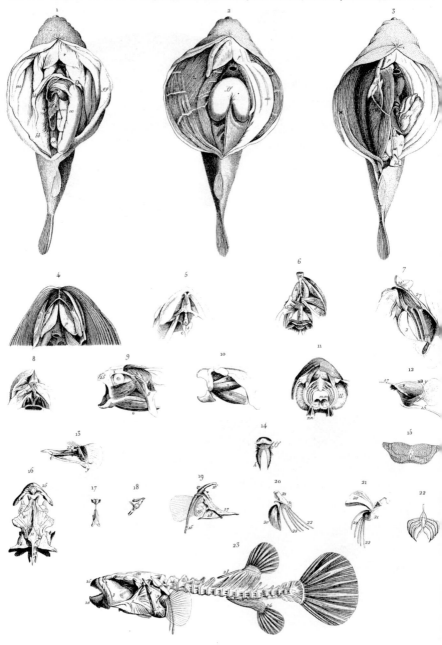

Le Tetrodon Fahaka.

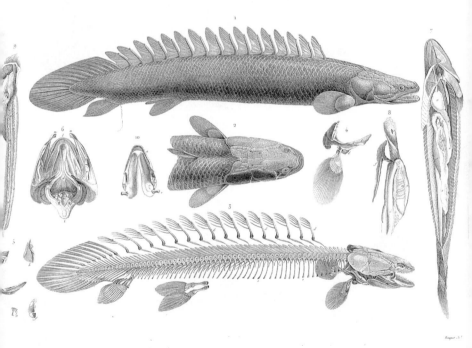

1 Le Polyptère Bichir (Polypterus bichir). 2 Sa tête vue en dessus. 3 Son squelette. 4 Os de la nageoire. 5 Les mêmes isolés. 6 Myologie de la bouche. 7 Viscères de l'abdomen. 8 L'estomac et le foie. 9 Les deux vessies natatoires. 10 La mâchoire inférieure.

1 Le Characin Raschal (Characinus dentex). 2 Le Characin rai (Characinus niloticus).

1 Le Characin Nefasch (Characinus nefasch). 2.3 Le Serrasalme citharine (Serrasalmus citharus).

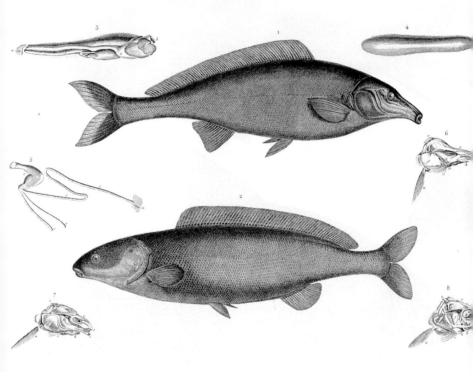

1 Le Mormyre Oxyrhynque (Mormyrus oxyrhyncus). 2 Le Mormyre d'Hasselquist (Mormyrus caschive).
3.4.5.6.7.8 Anatomie des Mormyres.

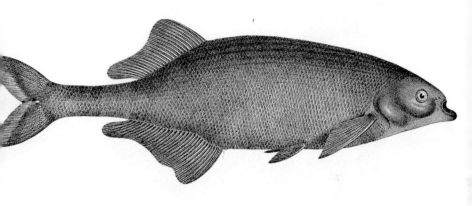

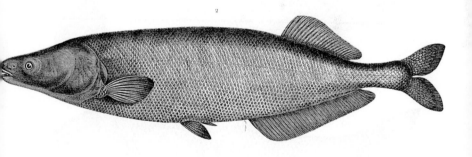

1 Le Mormyre de Salheyéh (Mormyrus labiatus). 2 Le Mormyre de Dendera (Mormyrus anguilloides).   **800 | 801**

1.2 Le Mormyre de Behbeyt (Mormyrus dorsalis). 3.4 Le Mormyre Bané (Mormyrus cyprinoides).

1

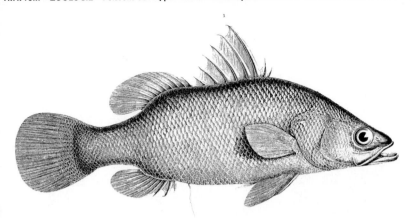

Plée Sc.t

2

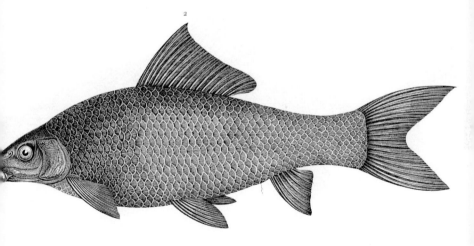

Bouquet .Sc.

La Perche Latous (Perca latus). 2 Le Cyprin Lebis (Cyprinus niloticus).

1 Le Clupée du Nil (Clupea nilotica). 2 Le Cyprin Binny (Cyprinus lepidotus).

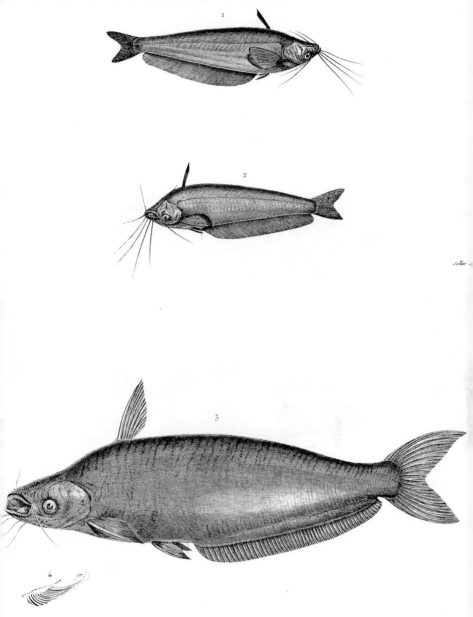

1.2 Le Silure Oudnei (Silurus auritus). 3.4 Le Silure Schilbé (Silurus mystus).

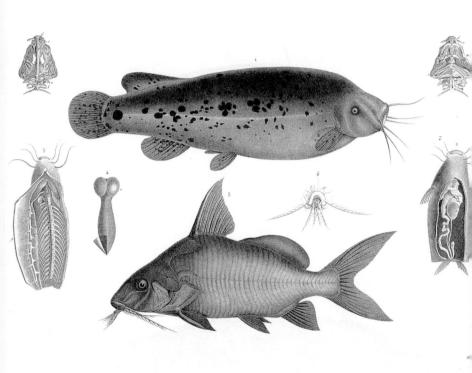

1 Le Malapterure Electrique (Malapterus electricus). 2 Ses viscères abdominaux. 3 Tronc et appareils électriques.
4 Vessie natatoire. 5.6 Le Pimelode Synodonte (Pimelodus synodontis).

1.2 Le Pimelode Guemel (Pimelodus membranaceus). 3.4 Le Pimelode Scheilan (Pimelodus clarias).

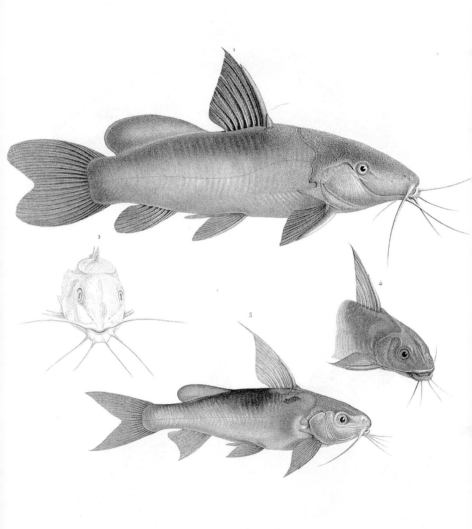

1.2 Pimelode Karafche (Pimelodus biscutatus). 3.4 Le Pimelode Aboureal (Pimelodus auratus).

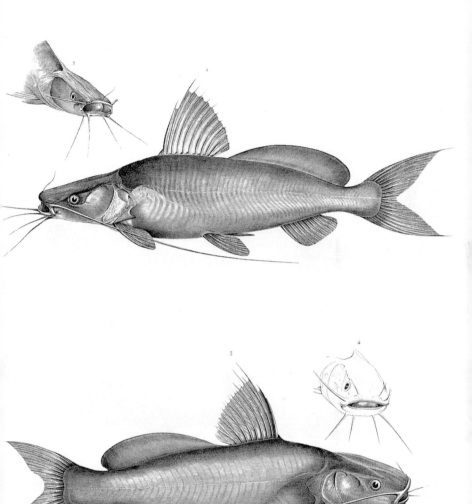

1.2 Le Bayad Fitilé (Porcus bayad). 3.4 Le Bayad Docmac (Porcus docmac).

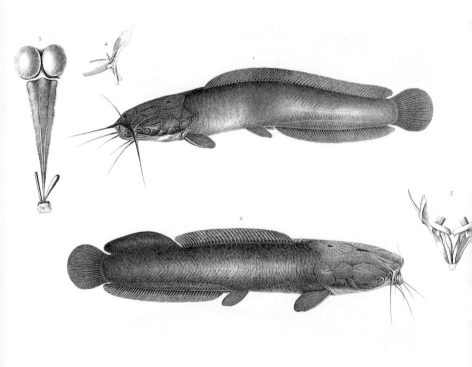

1 L'Hétérobranche Harmout (Heterobranchus anguillaris). 3 Myologie de l'épaule du Harmout. 4 Myologie de l'os furculaire. 2 L'Hétérobranche Halé (Heterobranchus bi-dorsalis). 5 Vessies natatoires, rein et vessie urinaire.

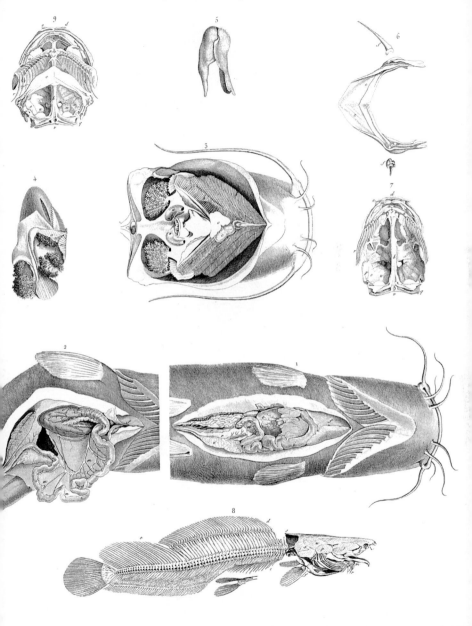

Bouquet sc.t

Hétérobranches. Détails anatomiques.

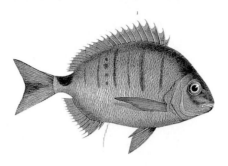

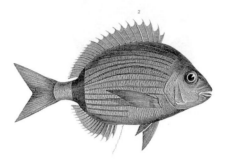

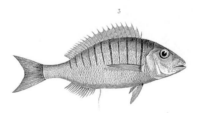

1 Sargue Enrouée (Sargus raucus). 2 Sargue Ordinaire (Sargus vulgaris). 3 Pagre Mormyre (Pagrus mormyrus). 4 Sargue Annulaire (Sargus annularis).

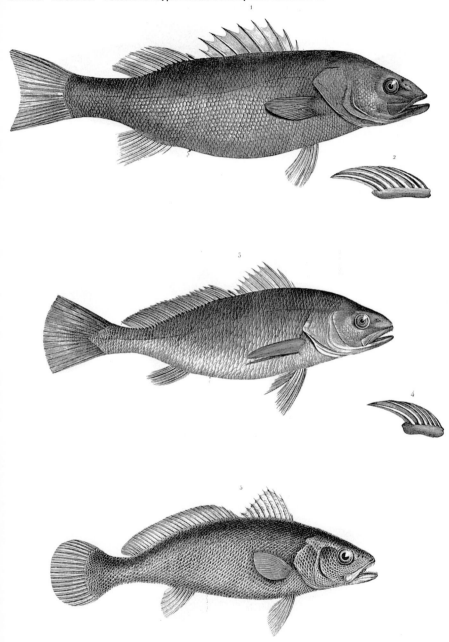

1.2 Perche Allongée (Perca elongata). 3.4 Sciène Aigle (Sciæna aquila). 5 Sciène Corb (Sciæna umbra).

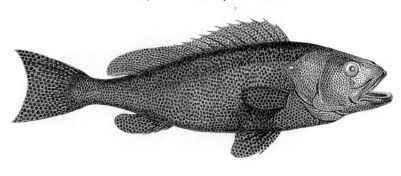

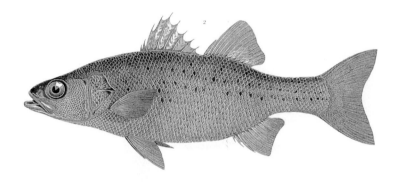

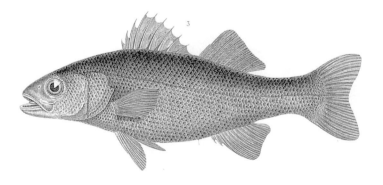

1 Serran Tauvin (Serranus tauvina). 3 Perche Noct (Perca punctata). 3 Perche Sinueuse (Perca sinuosa).

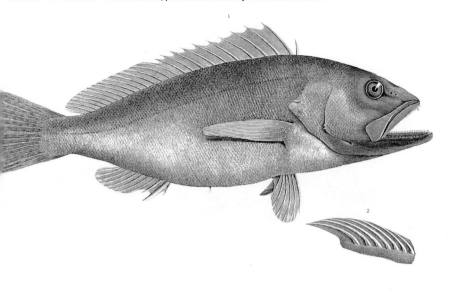

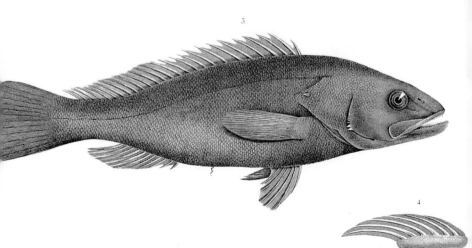

1.2 Bodian Melanure (Bodlanus melanurus). 3.4 Serran Airain (Serranus æneus).

1 Ombine Barbüe (Umbrina cirrhosa). 2 Gal d'Alexandrie (Gallus alexandrinus).

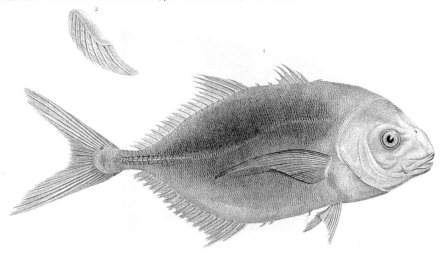

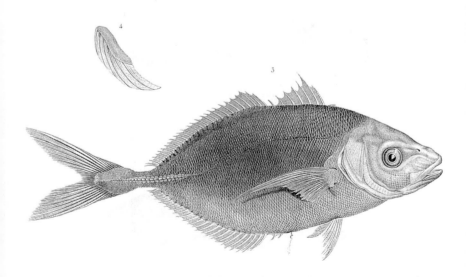

1.2 Caranx Sauteur (Caranx petaurista). 3.4 Caranx Lune (Caranx luna).

1.2 Caranx Ronfleur (Caranx rhonchus). 3.4 Caranx Fuseau (Caranx fusus). 5 Maquereau à Quatre Points (Scomber quadripunctatus). 6 Maquereau Unicolor (Scomber unicolor).

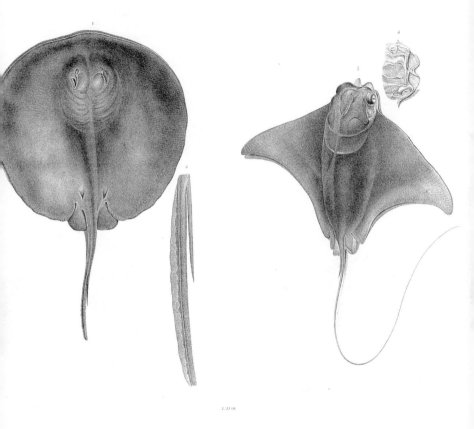

1.2 Pastenague Lit (Trygon grabatus). 3.4 Mourine à Museau Echancré (Myliobatis marginata).

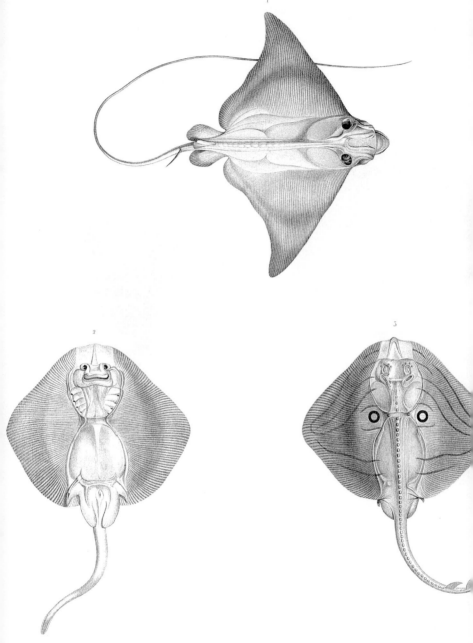

1 Mourine Vachette (Myliobatis bovina). 2 Raie à Bandes (Raya virgata), vue en dessous. 3 Raie à Bandes, vue en dessus.

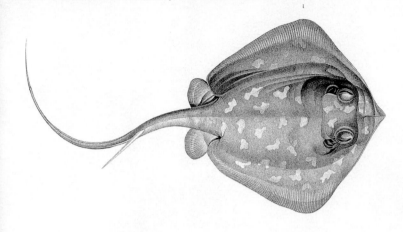

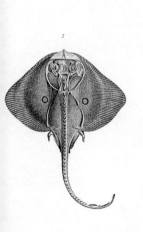

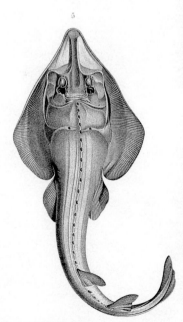

1 Pastenague Lymme (Trygon lymma) Forskal. 2 Raie Bi-Oculaire (Raya bi-ocularis). Rhinobate
Laboureur (Rhinobatus cemiculus).

Volume II

Zoologie *(Invertébrés)*

Céphalopodes

Gastéropodes

Coquilles

Annélides

Crustacés

Arachnides

Myriapodes

Orthoptères

Nevroptères

Hyménoptères

Echinodermes

Zoophytes Ascidies

Polypes, Algues

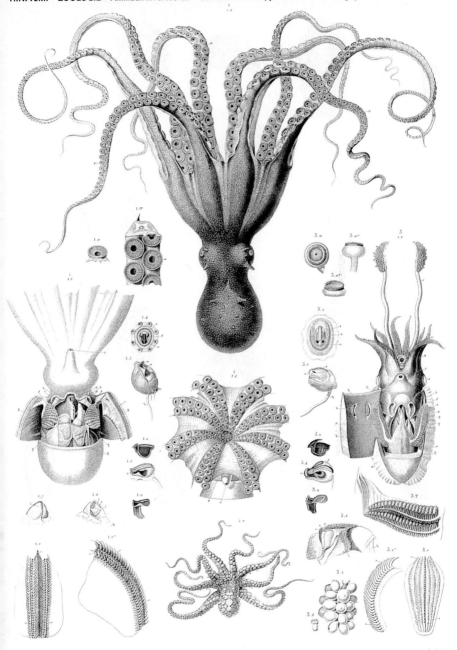

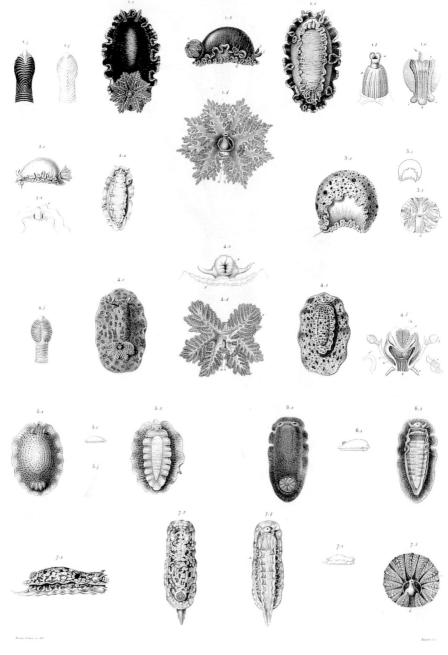

Doris.

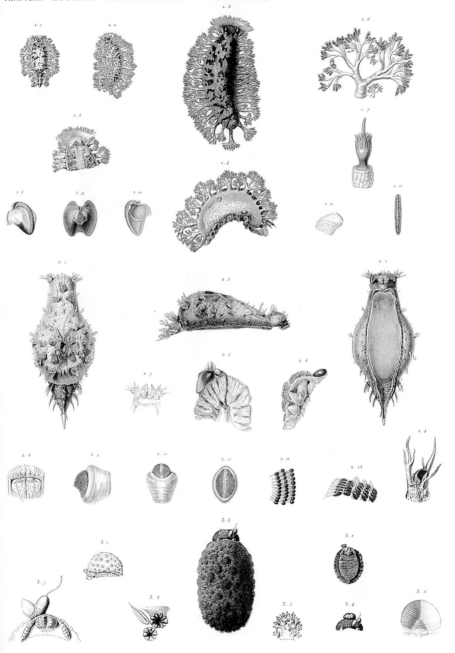

Tritonies. Aplysies. Onchidies.

Pleurobranches. Emarginules. Oscabrions.

Patelles. Fissurelles. Emarginules. Balanes. Gastrochênes.

Hélices. Bulimes. Ampullaires. Planorbes. Paludines.

Monodontes. Scalaires. Mélanies. Paludines.

Cerithes. Murex. Strombes. Buccins.

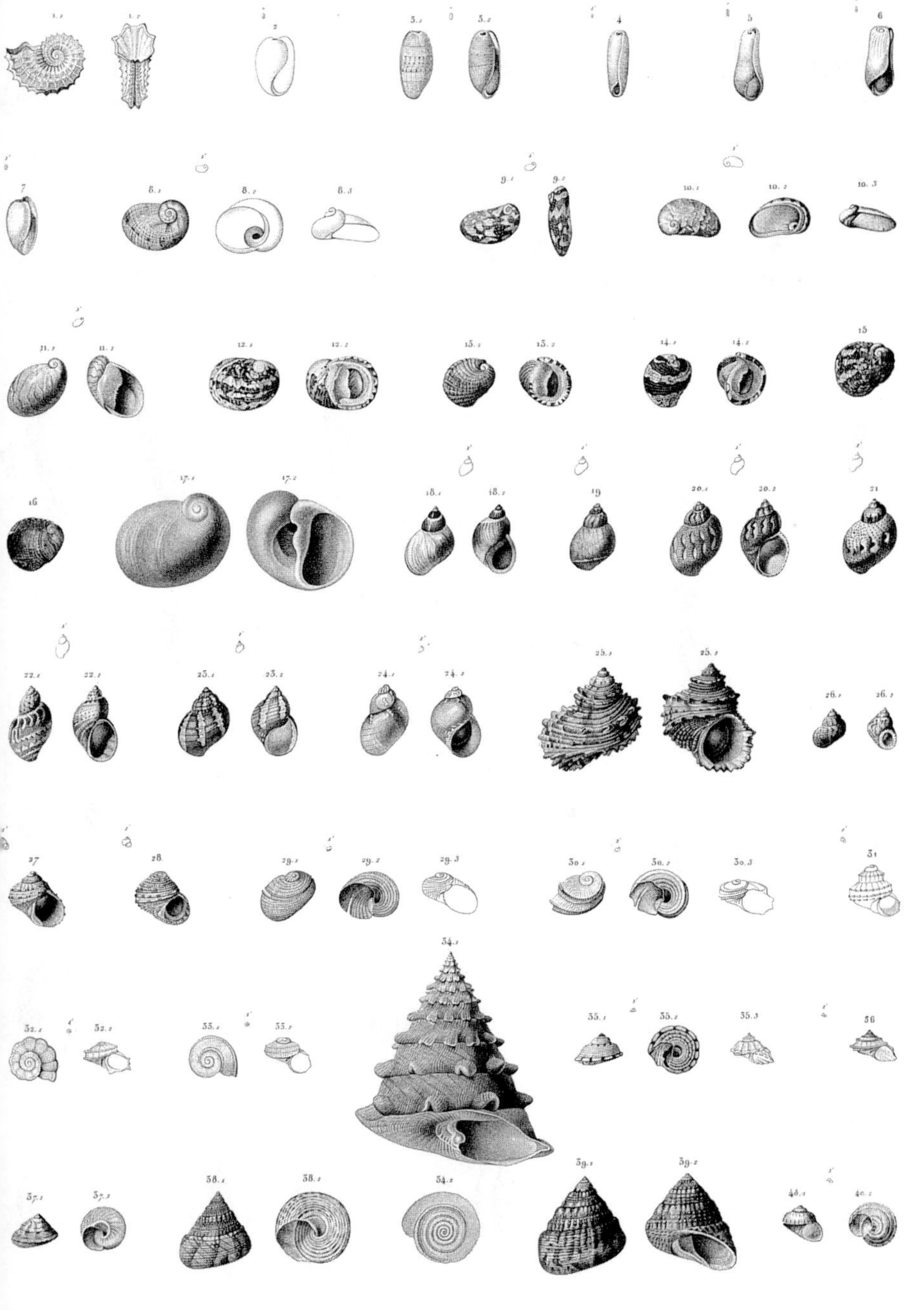

Bulles. Nérites. Phasianelles. Sabots. Troques.

Pourpres. Nasses. Casques. Cônes. Olives. Porcelaines.

Anodontes. Mulettes. Anatines. Solens.

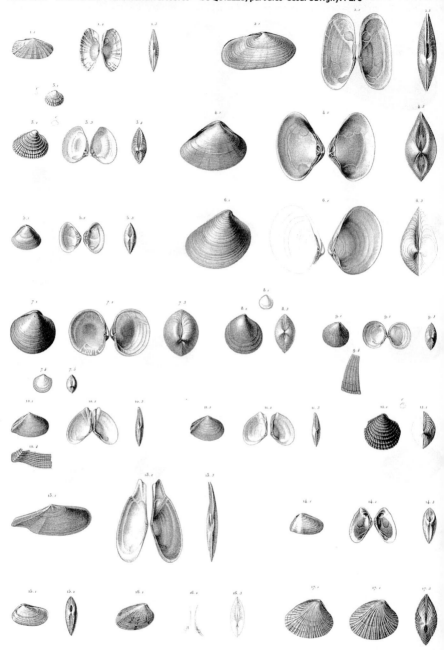

Psammobies. Lucines. Tellines. Donaces. Vénus.

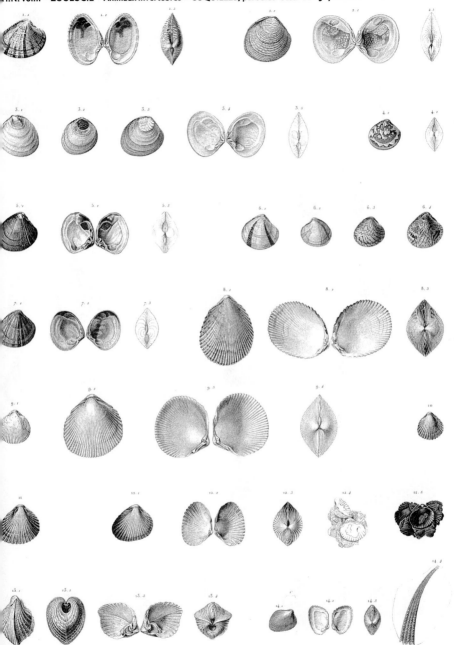

Cythérées. Bucardes.

Tridacnes. Pétoncles. Arches.

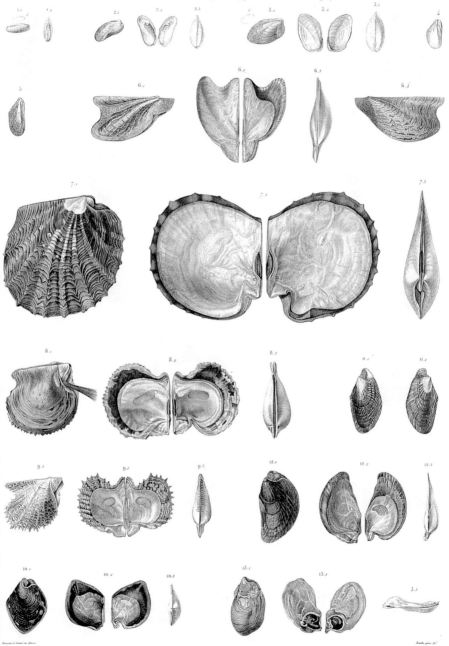

Moules. Avicules.

Crénatules.

Vulselles. Huitres. Cames. Arrosoirs.

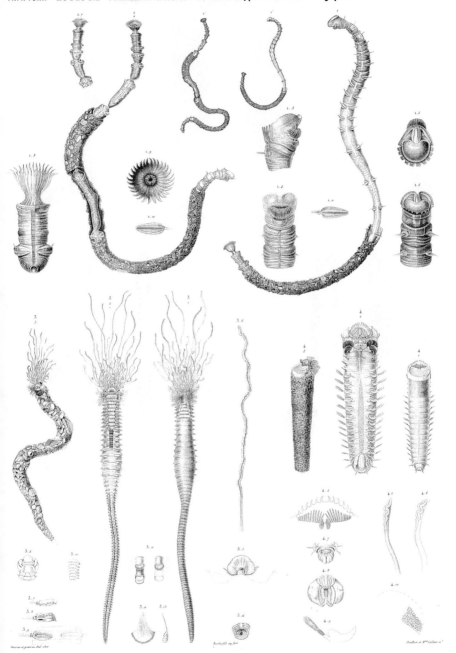

Clymènes. Térébelles. Amphictènes.

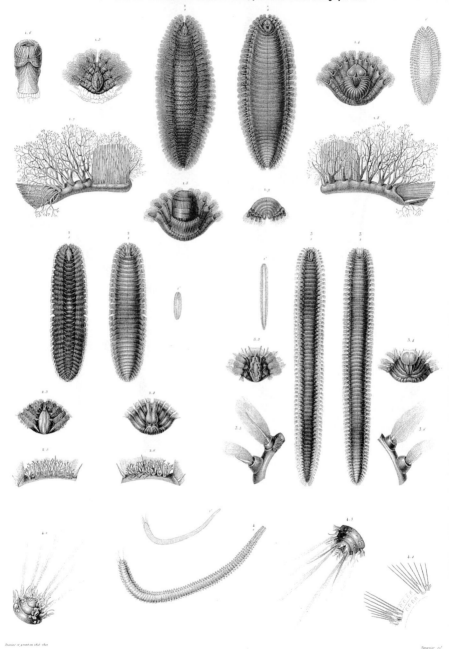

Euphrosynes. Pléiones. Aristénies.

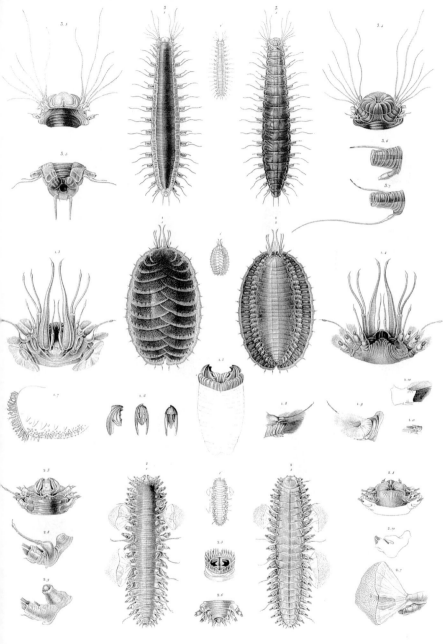

Polynoés. Hésiones.

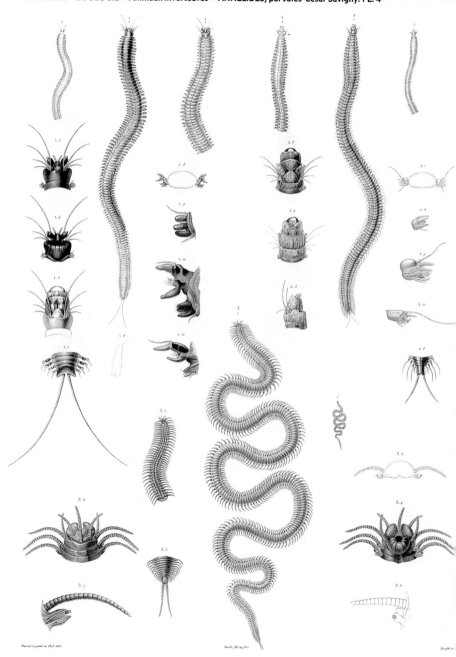

Lycoris. Syllis.

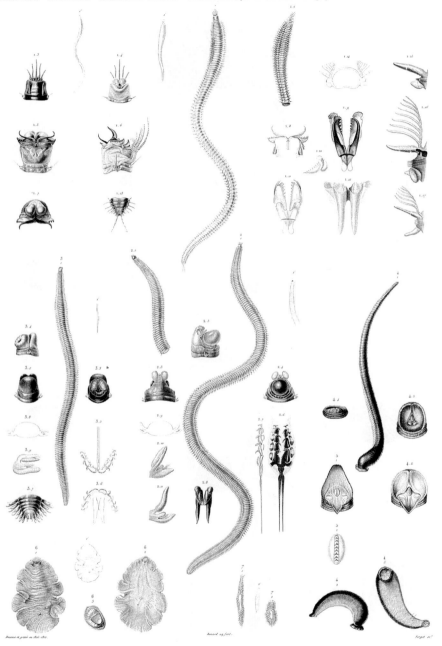

Crabes-Cavaliers.

Crabes-Alésides. Potamons ou Crabes-Fluviatiles.

Crabes-Nageurs.

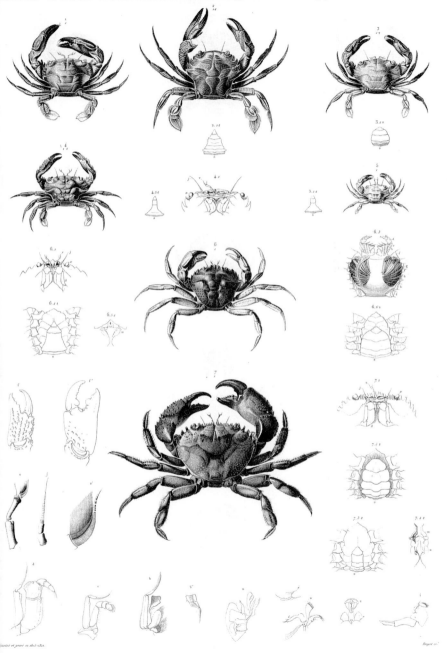

Crabes-Nageurs. Crabes proprement dits.

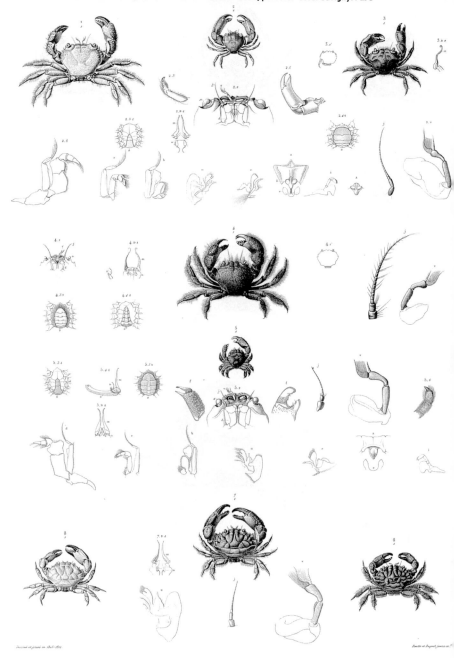

Crabes.

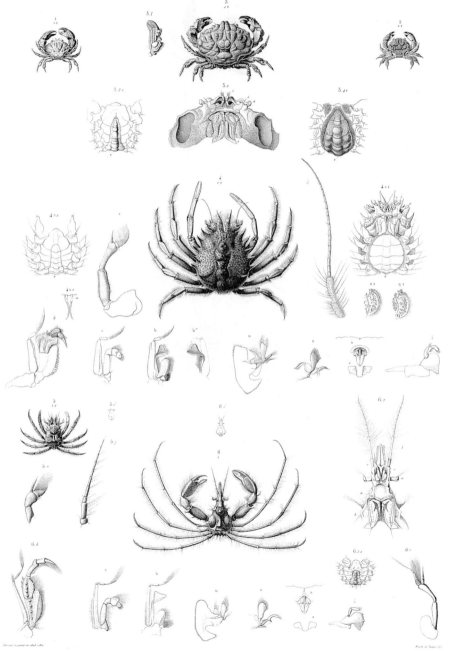

Crabes.

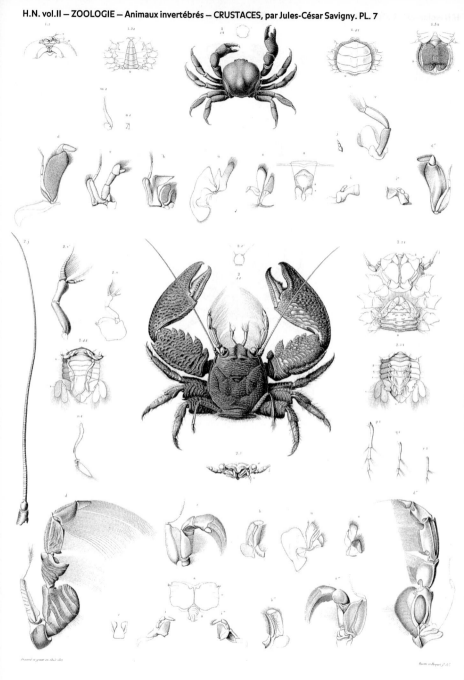

Crabes.

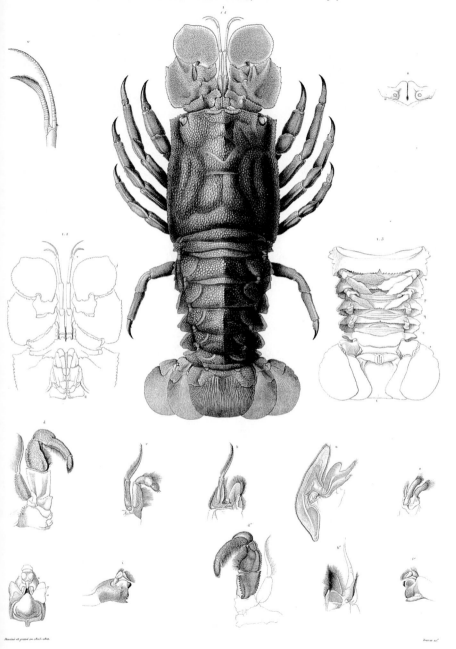

Hermites. Ecrevisses.

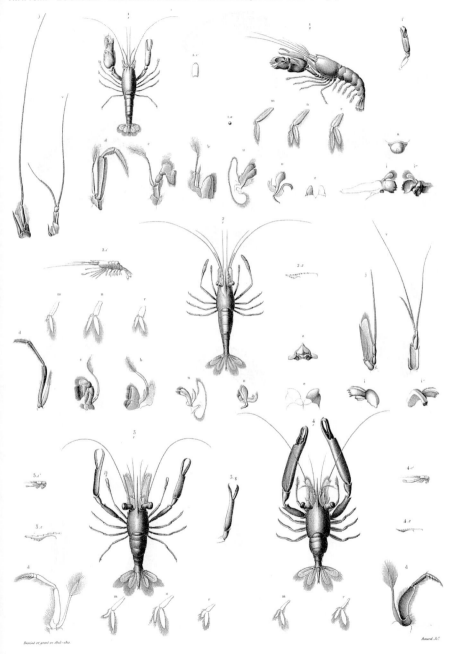

Ecrevisses.

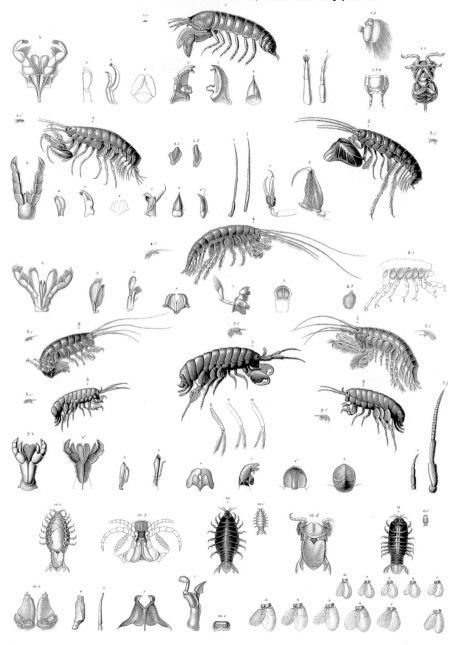

Crevettes. Cymothoés.

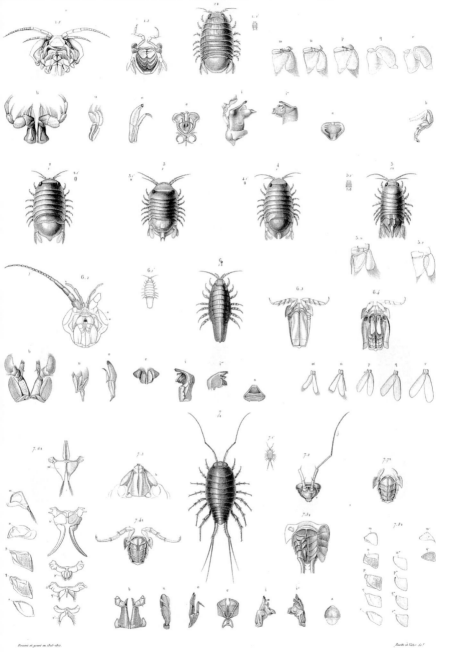

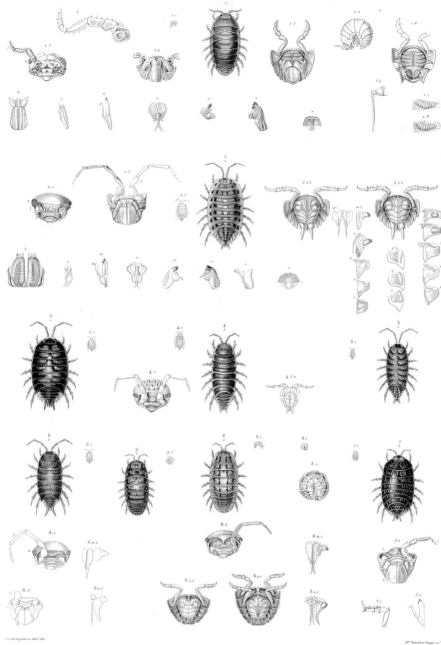

Cloportes.

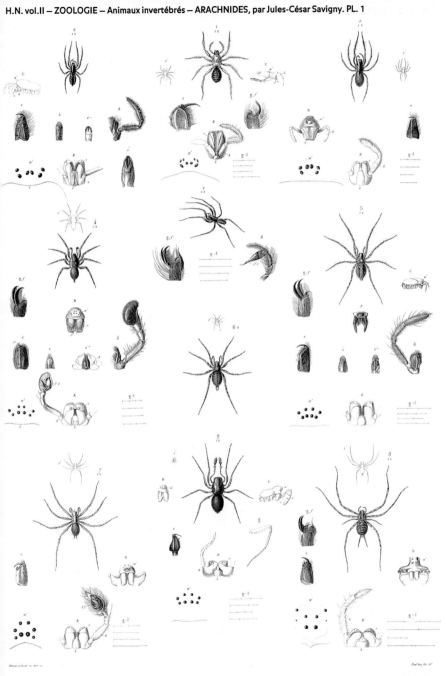

Araignées-Mygales. Ségestries. Tégénaires. Erigones.

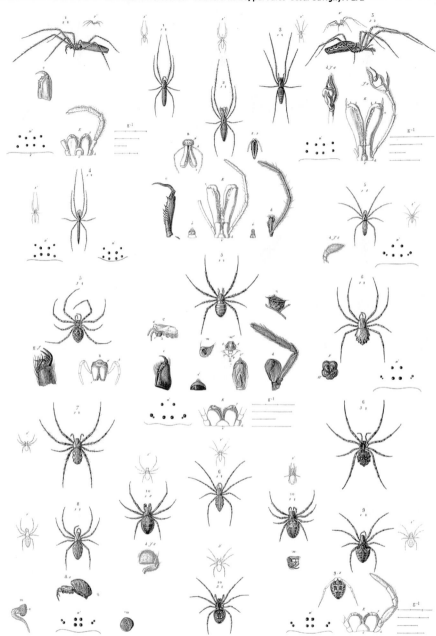

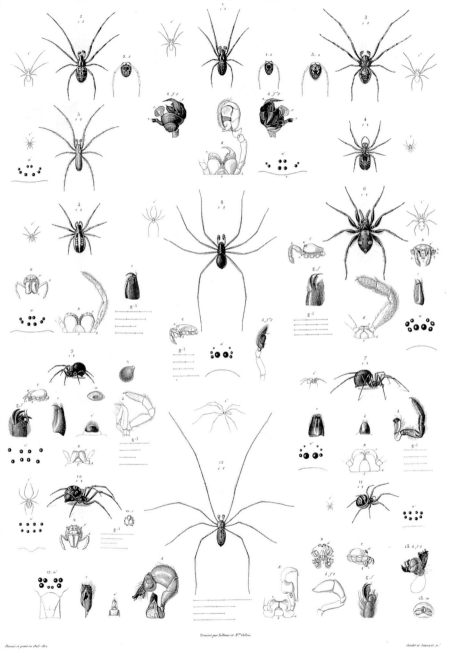

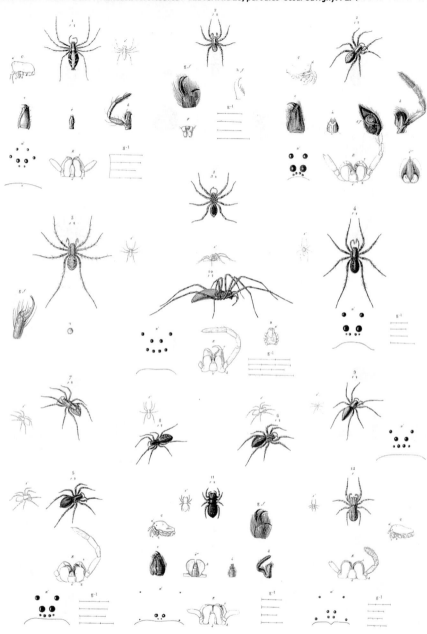

Sphases. Lycoses. Dolomèdes. Erèses.

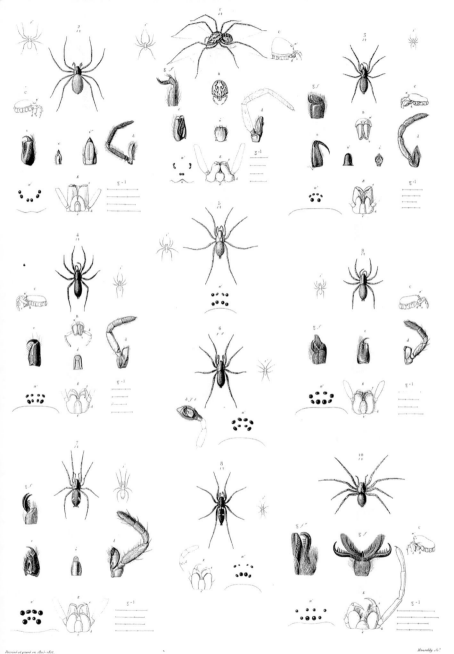

Scytodes. Dysdères. Drasses. Clubiones. Thomises.

Thomises.

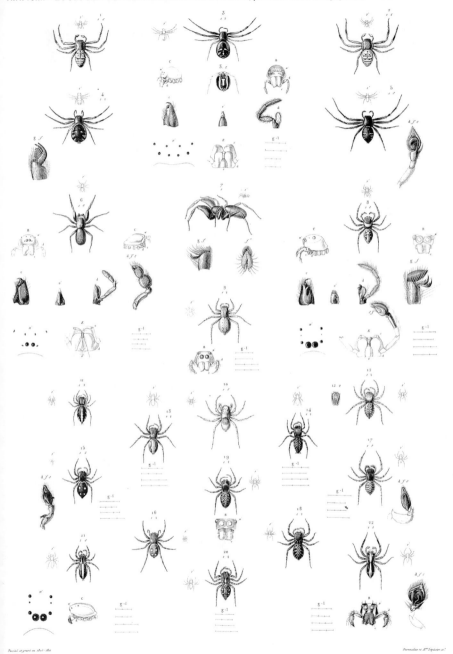

Thomises. Attes.

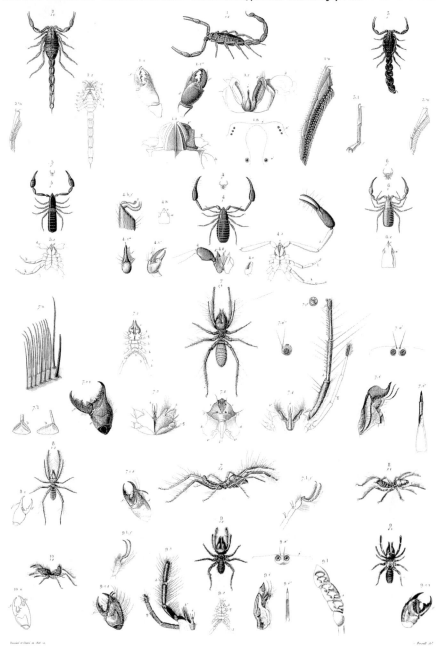

Scorpions. Pinces. Solpuges.

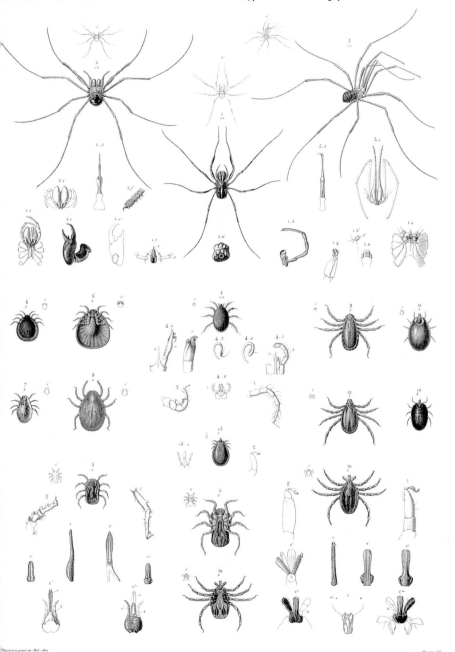

Faucheurs. Acarides.

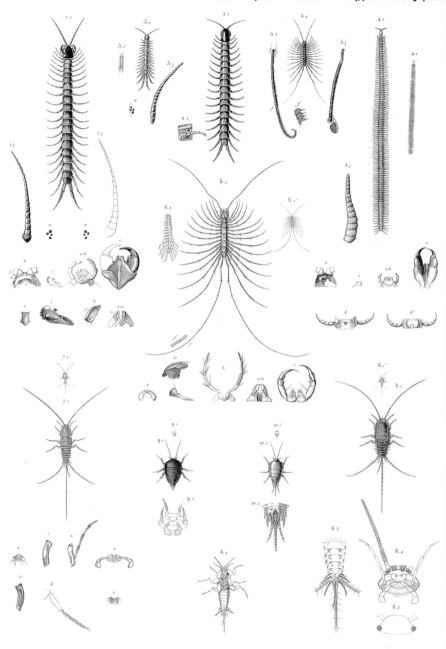

Scolopendres. Lépismes.

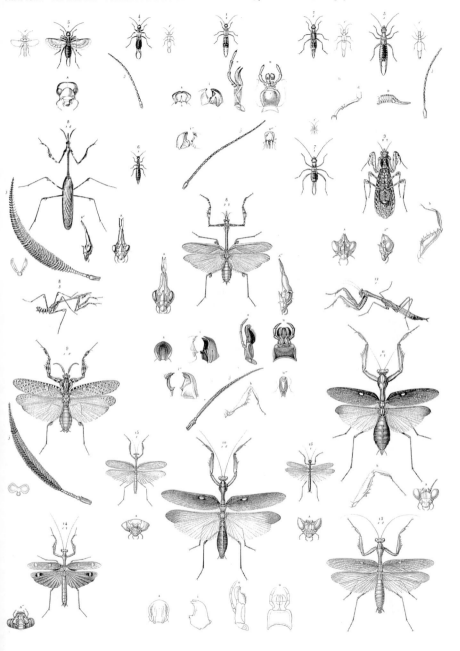

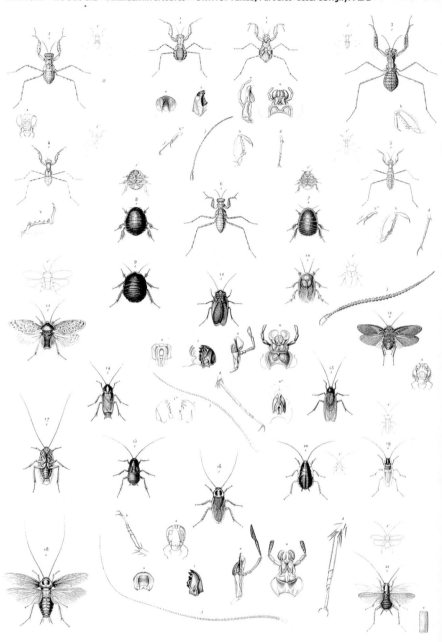

Mantes. Blattes.

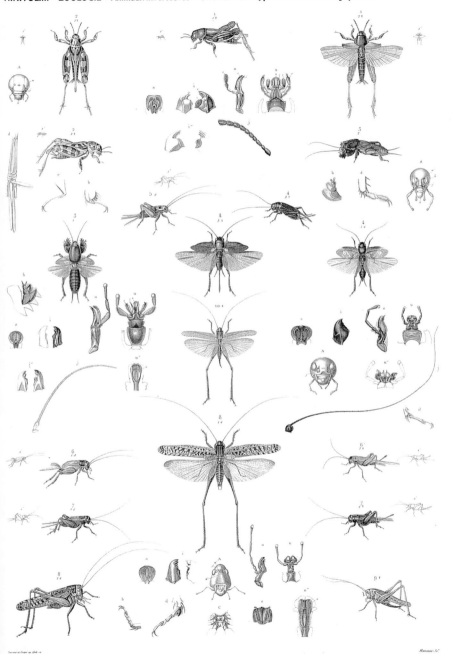

Xyes. Grillons. Sauterelles.

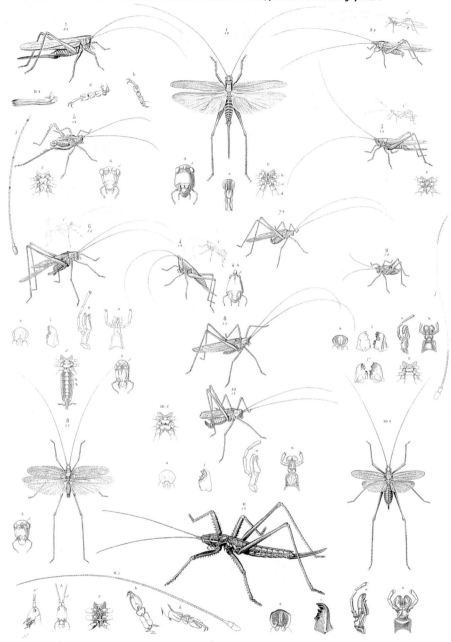

Sauterelles.

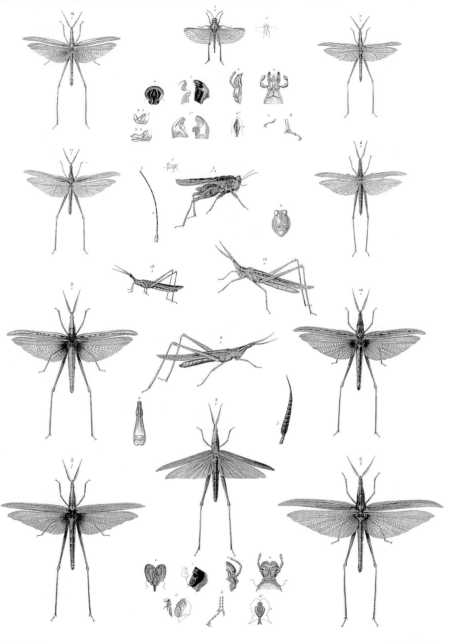

Baudré et gravé in Shab Alet

Fernandel et Raisseau sc.

Tétrix. Truxales.

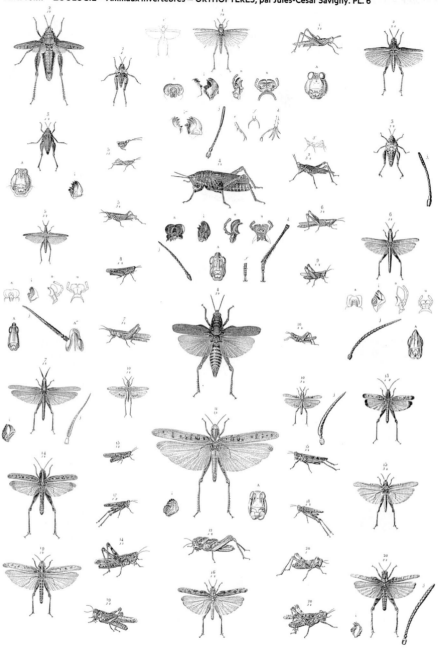

Criquets.

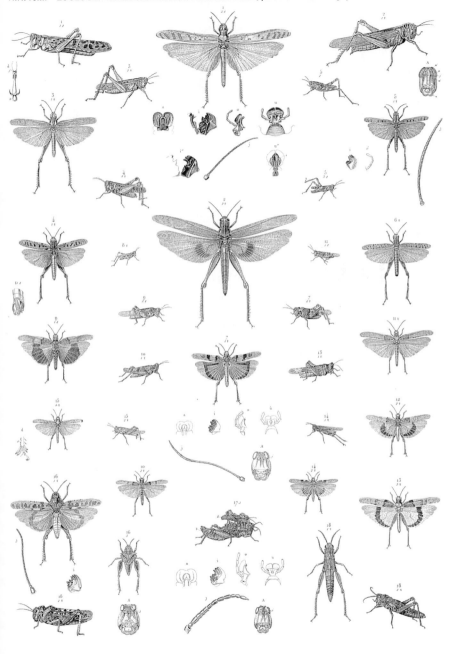

Criquets.

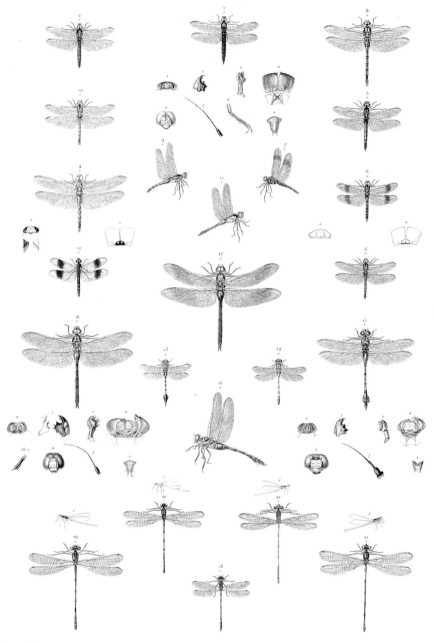

Libellules.

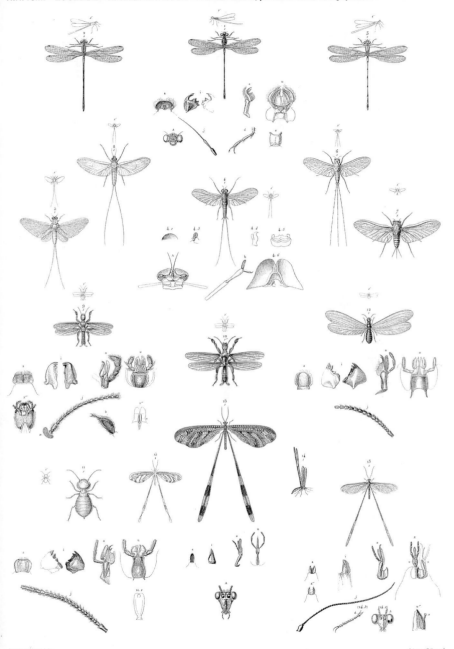

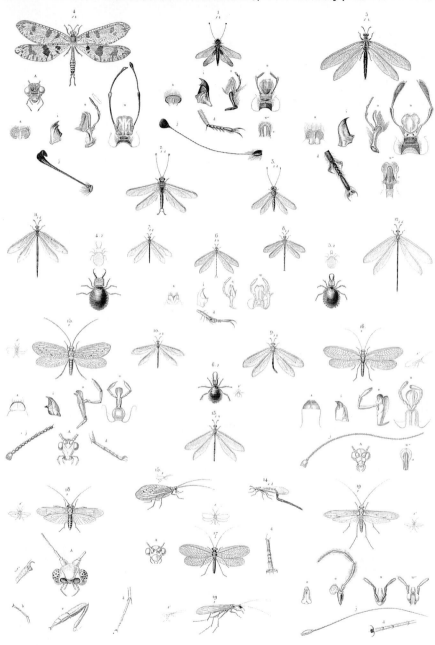

Ascalaphes. Fourmillions. Hémérobes.

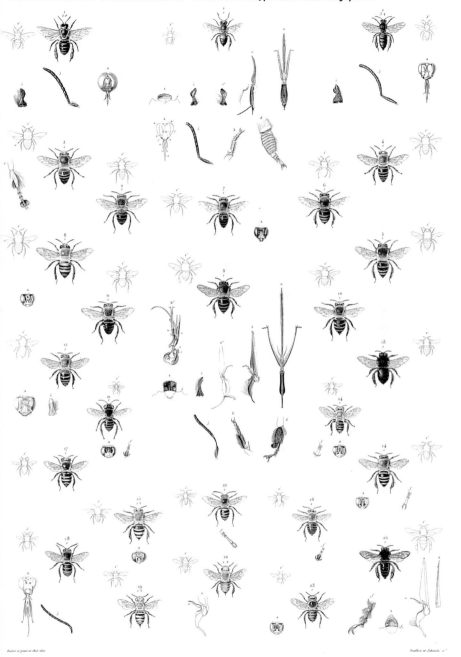

Abeilles. Anthophores.

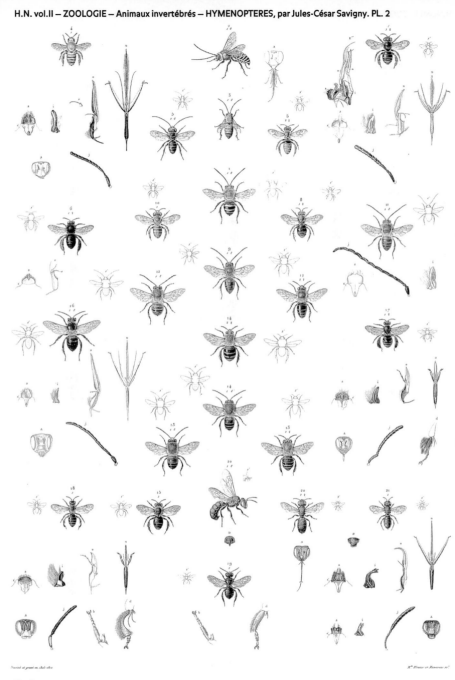

Eucères.

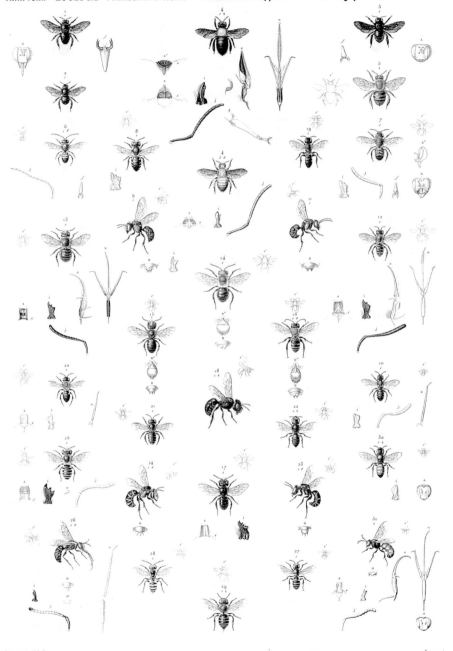

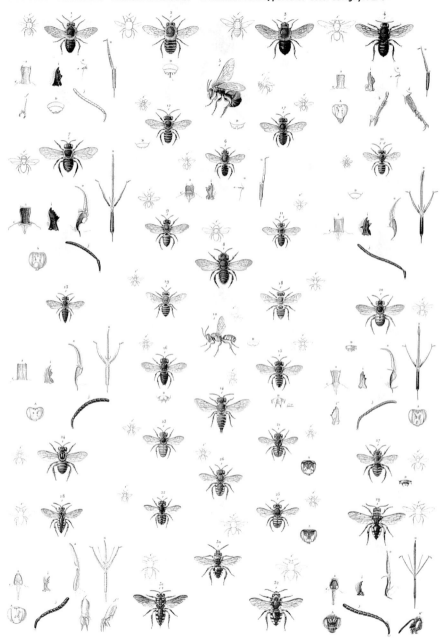

Mégachiles. Osmies.

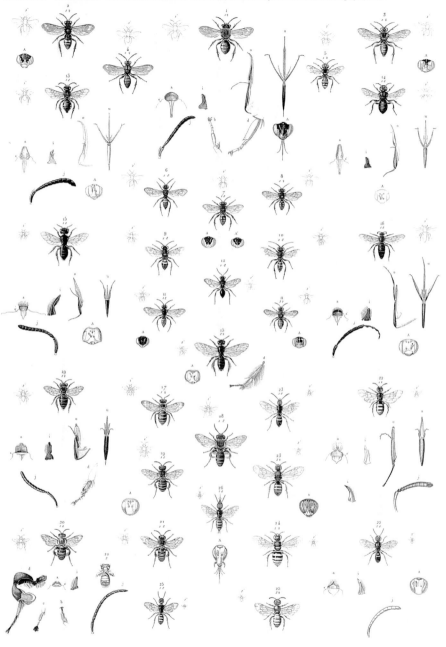

Andrènes.

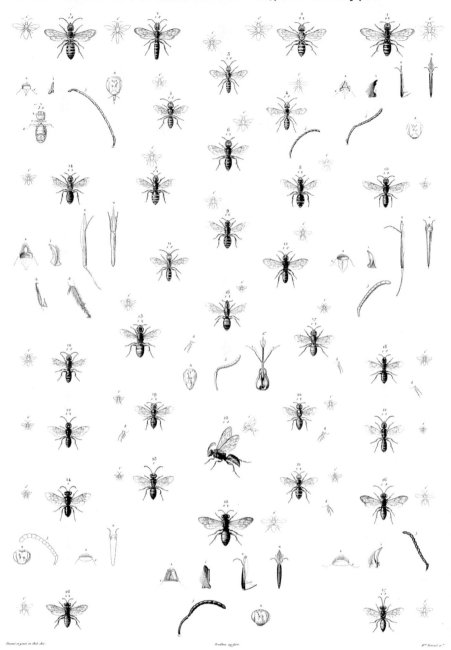

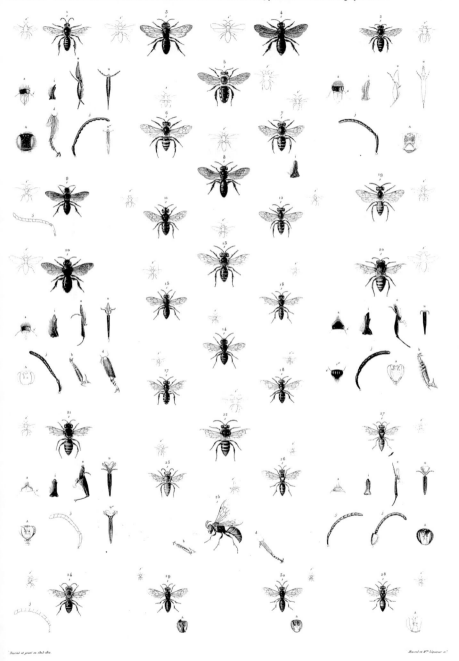

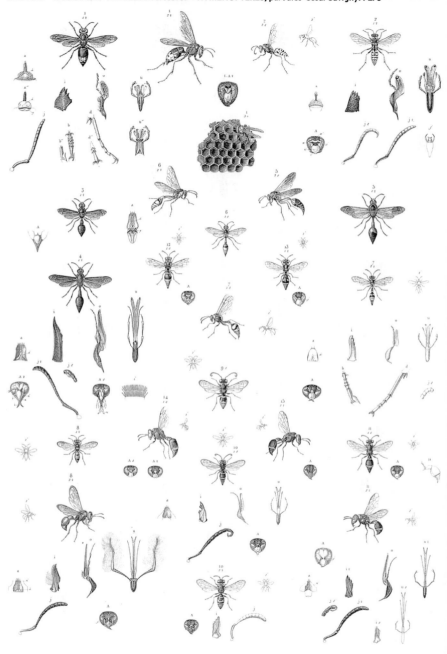

Guêpes sociales. Eumènes ou Guêpes Solitaires.

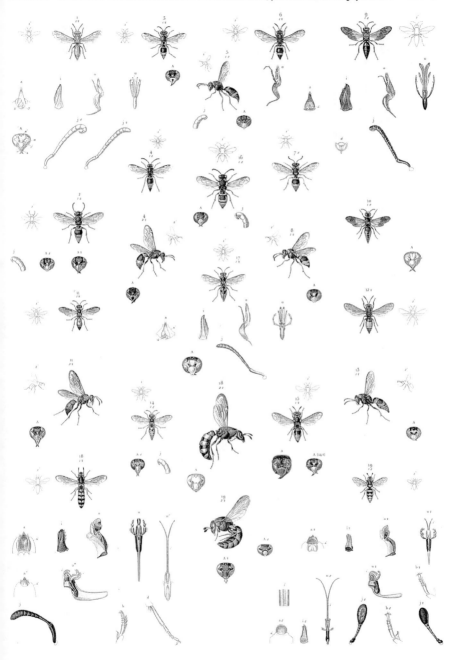

Cercèris. Philanthes.

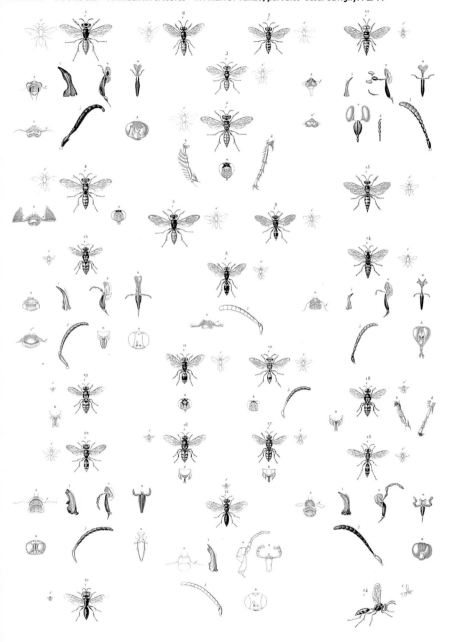

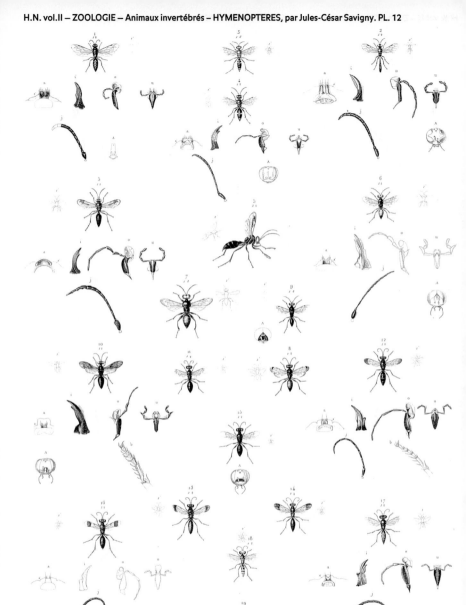

Mellines. Larres.

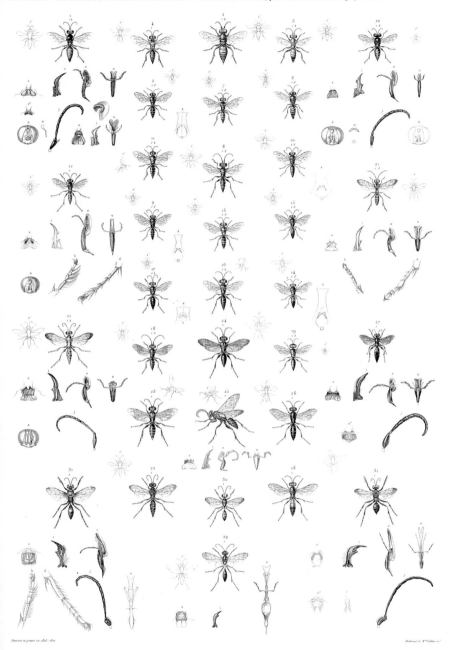

Larres. Sphex.

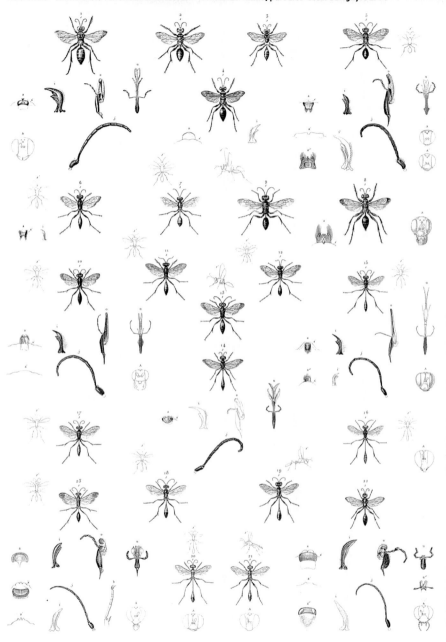

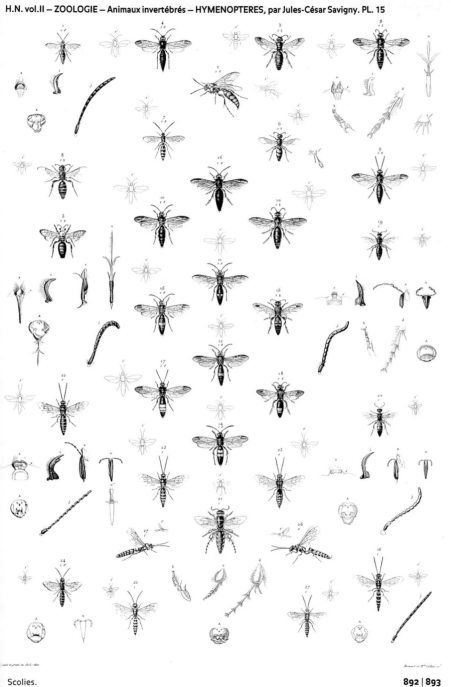

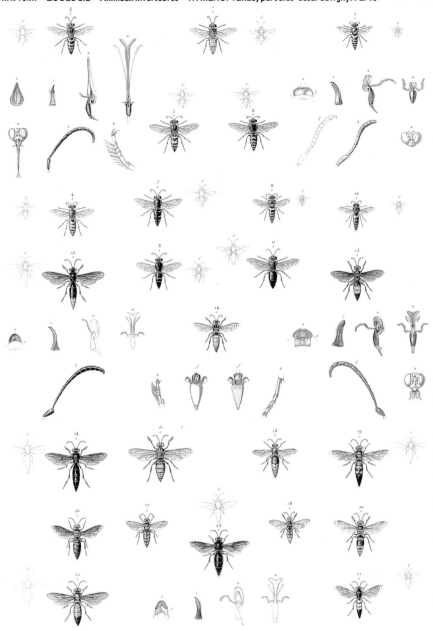

Bembex.

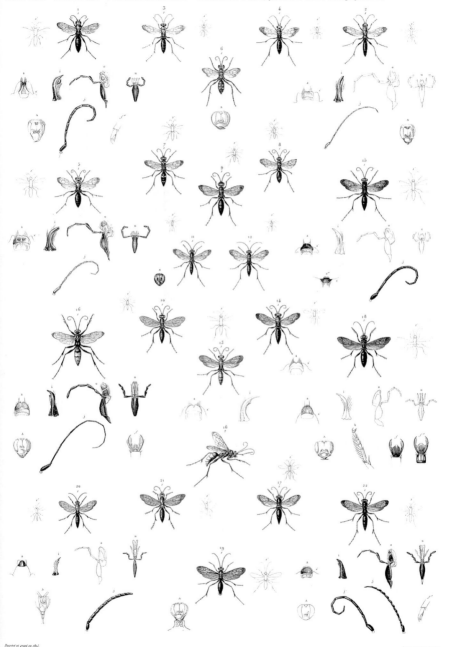

Pompiles.

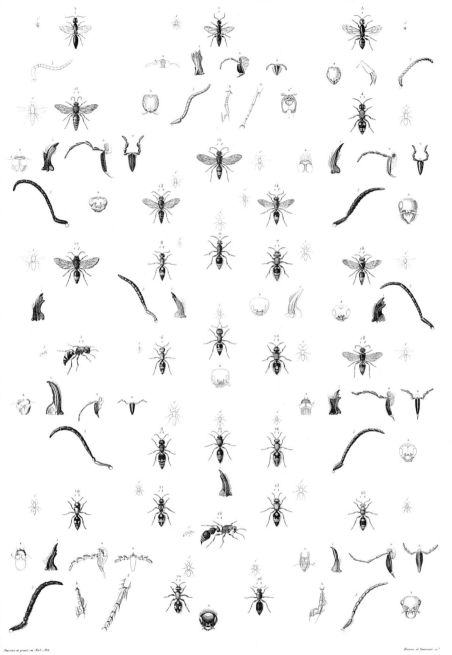

Mutilles.

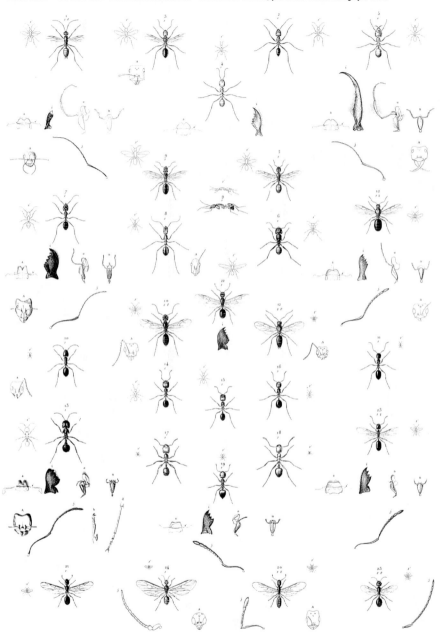

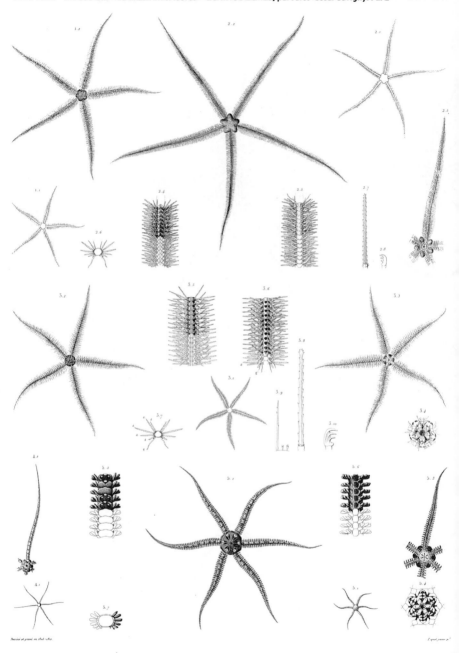

Ophiures.

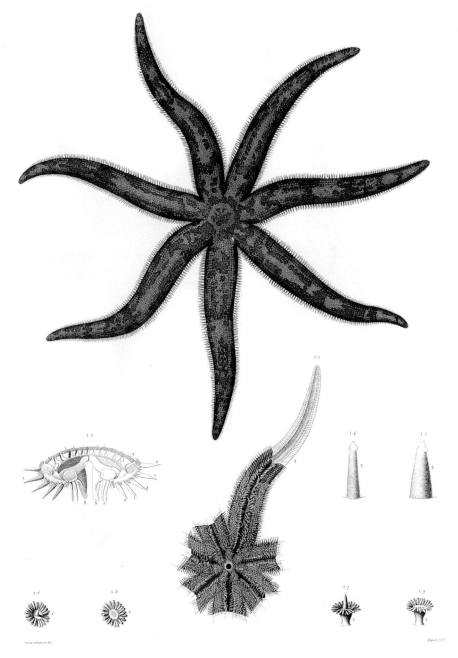

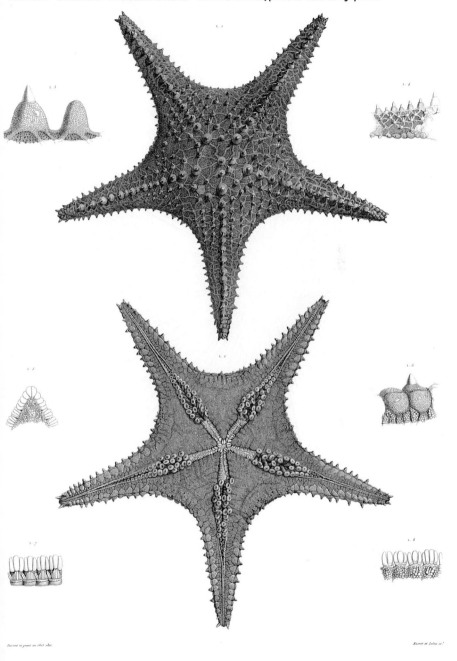

Astéries.

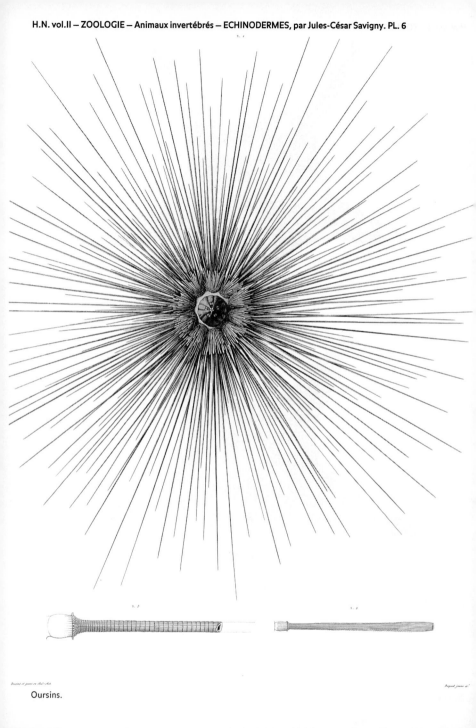

Oursins.

Oursins.

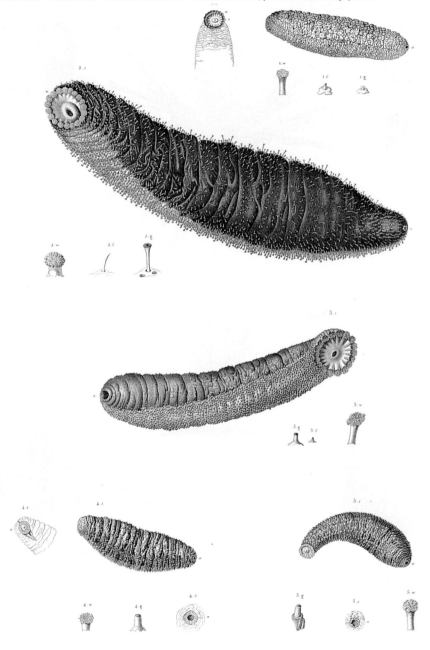

Holothuries.

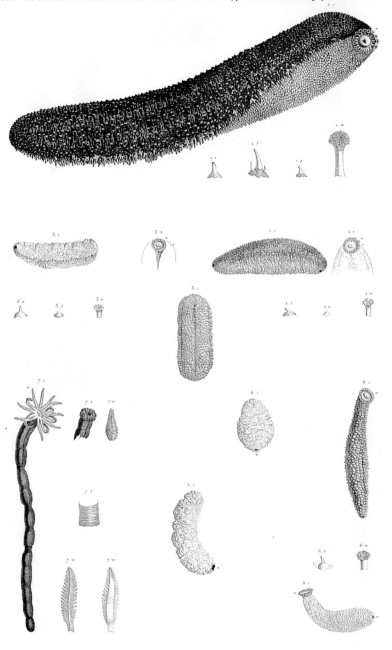

Holothuries.

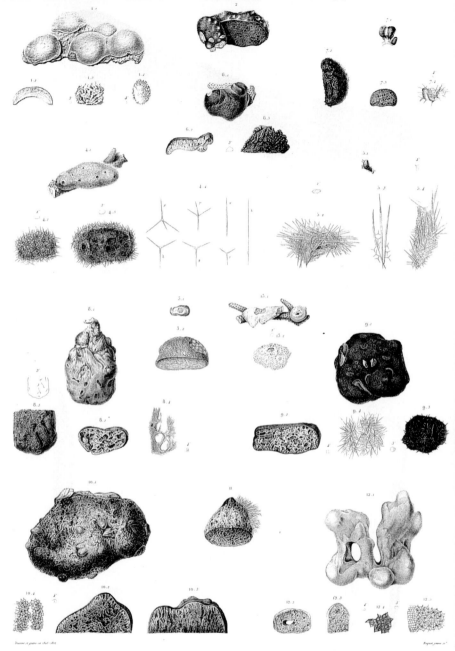

Eponges charnues. Eponges à piquans.

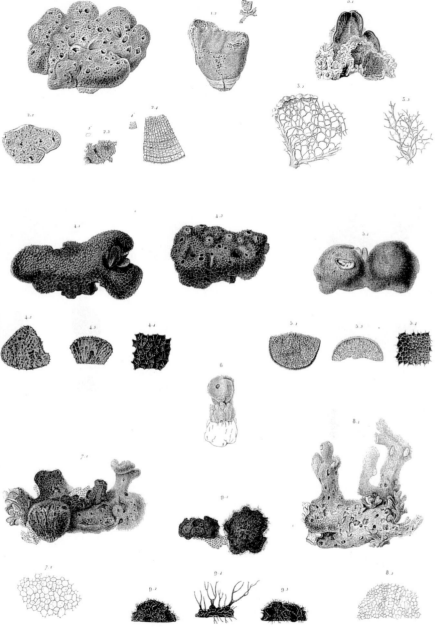

Eponges à réseau.

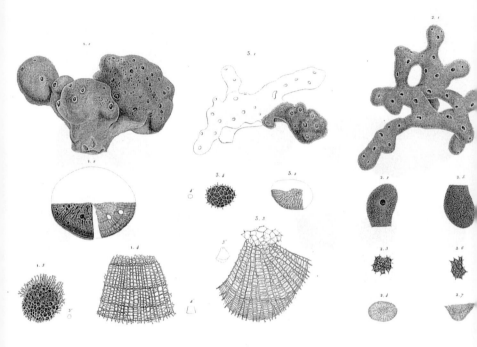

Eponges à réseau.

Polyclines. Aplides.

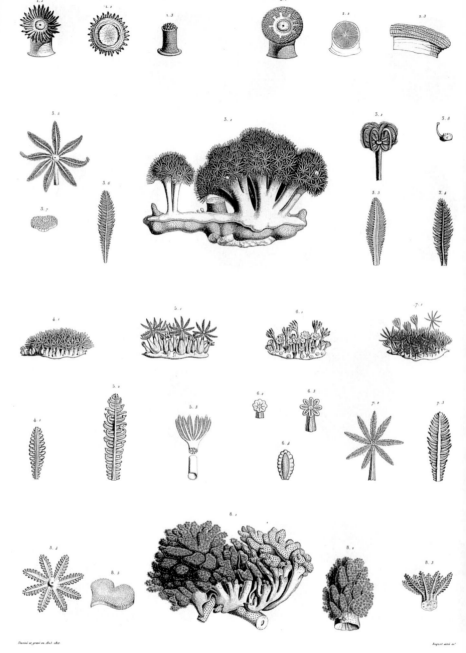

Actinies. Polypes Tubifères.

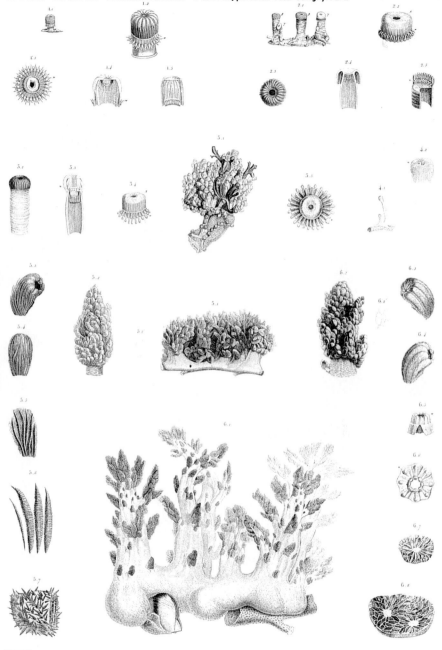

Isaures libres. Isaures fixées. Nephthées.

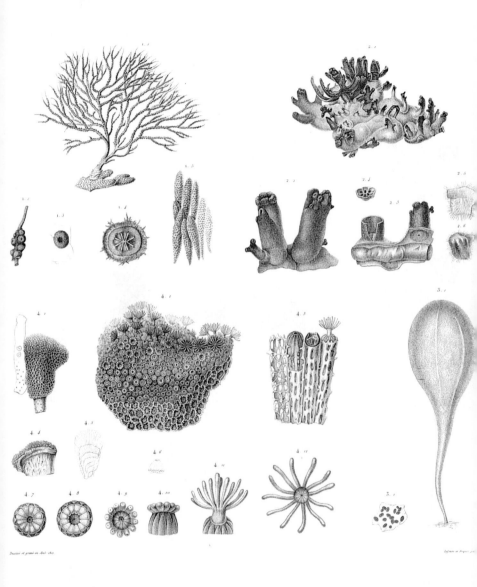

Polypes corticaux.

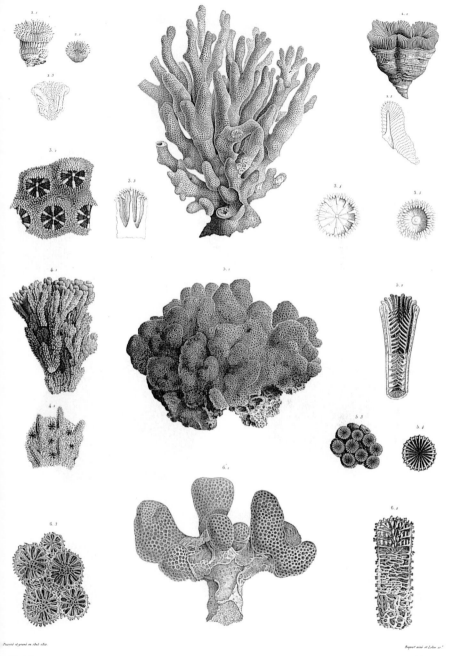

Madrépores.

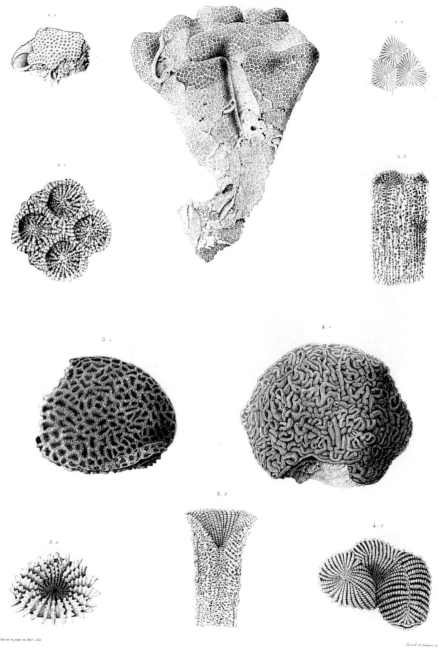

Madrépores.

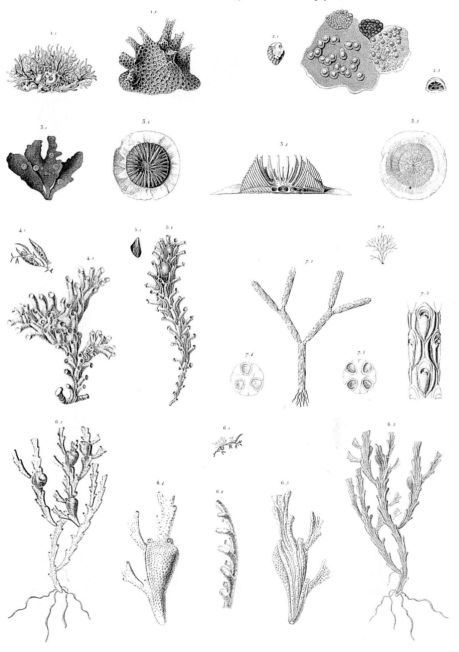

Polypes à tuyaux.

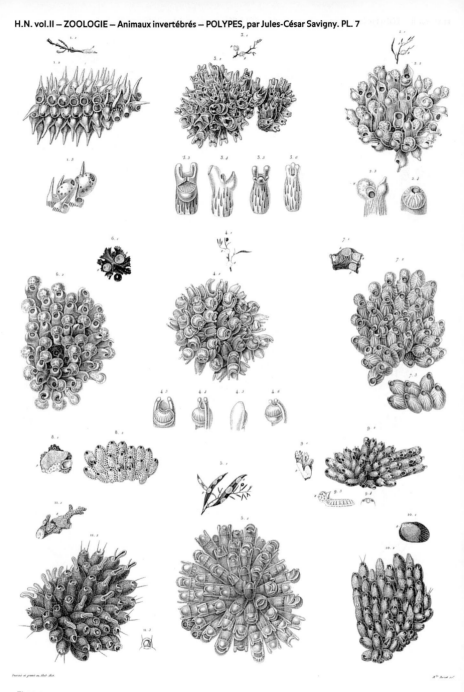

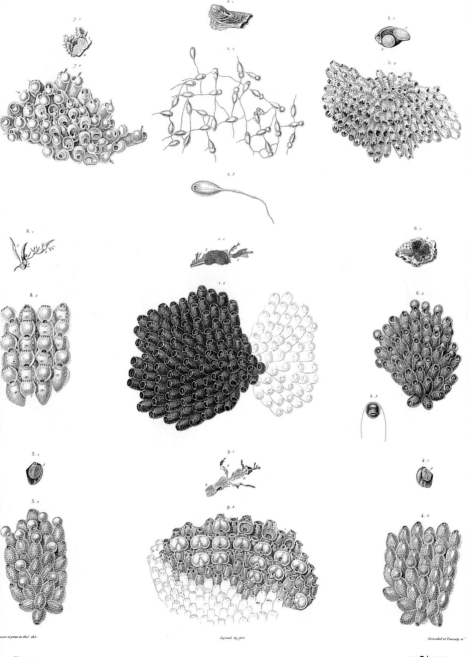

Flustres.

Flustres.

Flustres.

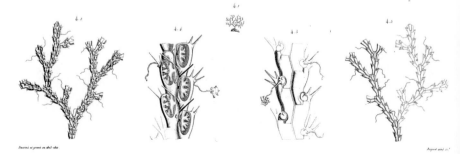

Cellaires.

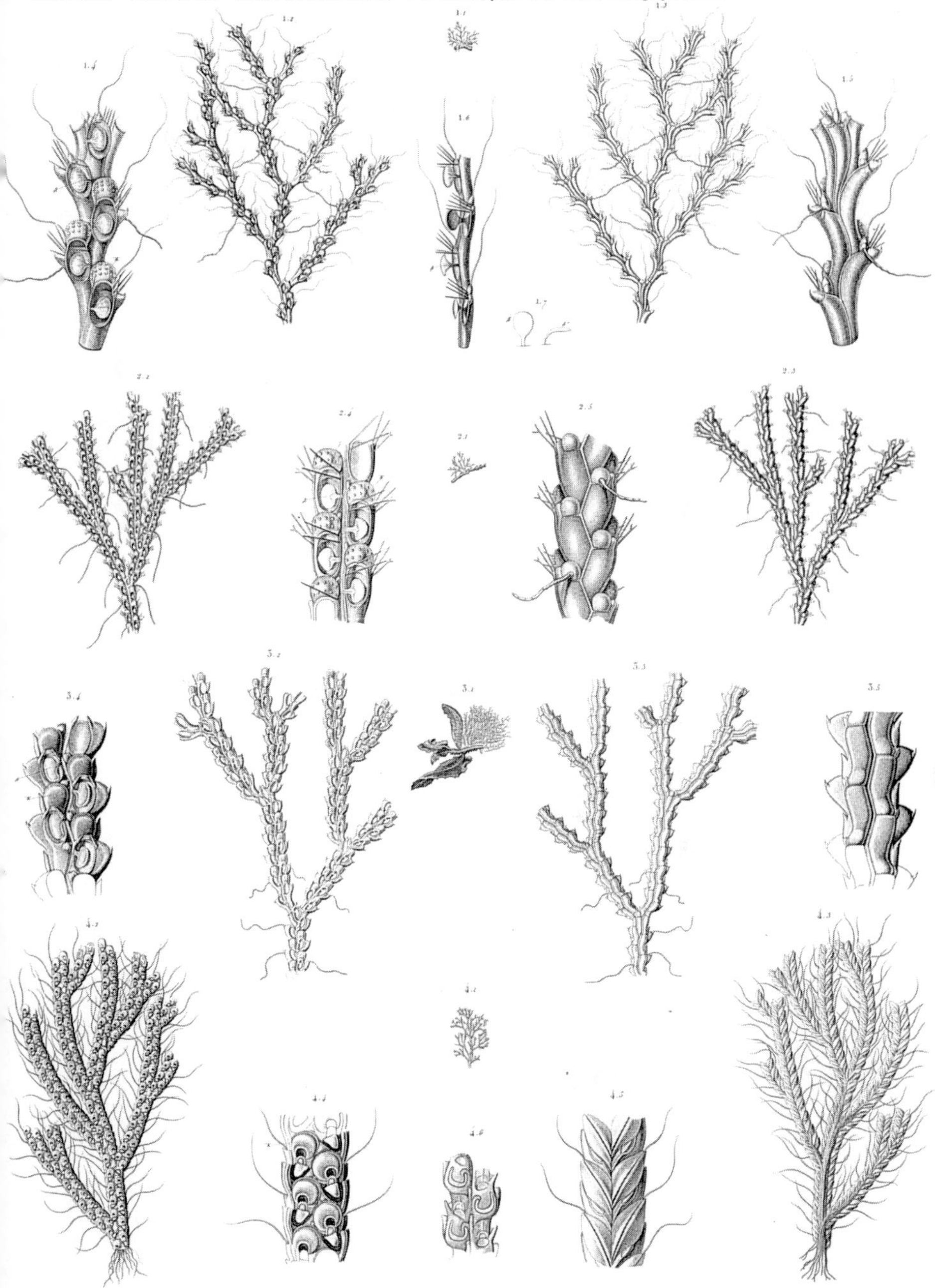

Cellaires.

Catenaires. Chlidonies. Gémellaires.

Dyasmées. Plumulaires.

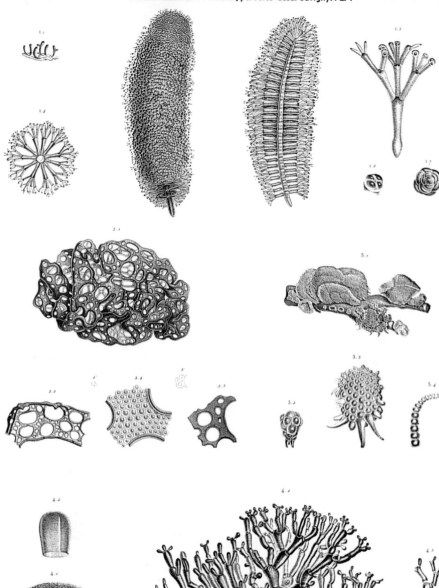

Hydrophytes.

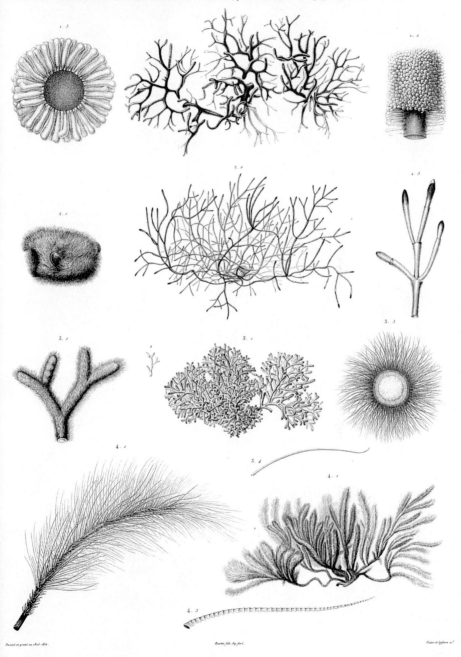

Volume II bis

Botanique

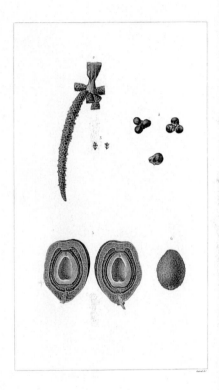

1 Vue du palmier de la Thébaïde appelé doum. 2.3.4.5.6 Détails de la fructification.

Details de la feuille et de la grappe.

1 Borhaavia Repens. 2 Salicornia Strobilacea.

1 Utricularia Inflexa. 2 Peplidium Humifusum. 3. Cyperus Dives.

1 Panicum Obtusifolium. 2 Cervicina Campanuloides. 3 Cyperus Protractus.

1 Isolepis Uninodis. 2 Scirpus Caducus. 3 Fimbristylis Ferrugineum.

1.1′ Scirpus Fimbrisetus. 2.2′ Andropogon Annulatum. 3 Scirpus Mucronatus.

1 Pennisetum Dichotomum. 2 Andropogon Foveolatum. 3 Pennisetum Typhoideum.

1 Crypsis Alopecuroides. 2 Panicum Turgidum.

1 Agrostis Spicata. 2 Poa Aegyptiaca. 3 Poa Cynosuroides.

1 Festuca Fusca. 2 Bromus Rubens. 3 Dinæba Ægyptiaca.

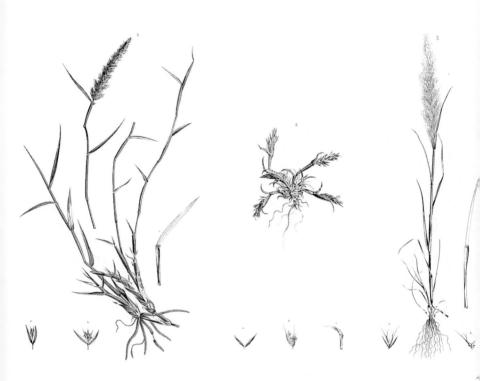

1 Avena Arundinacea. 2 Avena Forskalii. 3 Trisetaria Linearis.

1 Elymus Geniculatus. 2 Aristida Obtusa. 3 Aristida Ciliata.

1 Rottbollia Hirsuta. 2 Triticum Sativum (Turgidum) 3 Triticum Sativum (Pyramidale).

1 Triticum Bicorne. 2 Ammannia Auriculata. 3 Ammannia Ægyptiaca.

1 Heliotropium Lineatum. 2 Lithospermum Callosum. 3 Echium Longifolium.

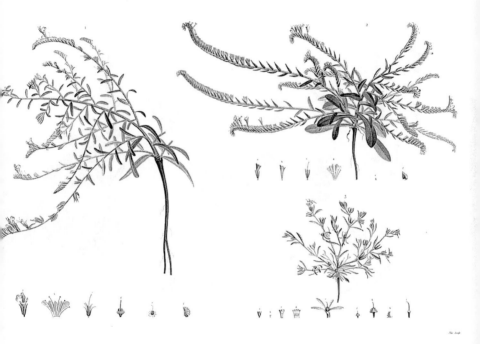

1 Echium Prostratum. 2 Echium Setosum. 3 Anchusa Spinocarpos.

1 Paronychia Arabica. 2.2′ Convolvulus Armatus. 3 Convolvulus Forskalii.

1 Cordia Myxa (en fruit). 2 Cordia Myxa (en fleur). 3 Echium Rawolfii.

1 Cordia Crenata. 2 Cynanchum Argel. 3 Cynanchum Pyrothechnicum.

1 Salsola Alopecuroides. 2 Salsola Echinus. 3 Salsola Tetrandra. 4 Caucalis Tenella.

1 Traganum Nudatum. 2 Buplevrum Proliferum. 3 Cornulaca Monacantha.

1 Solanum Coagulans. 2 Caucalis Glabra (Var. Minor). 3 Caucalis Glabra (Var. Major).

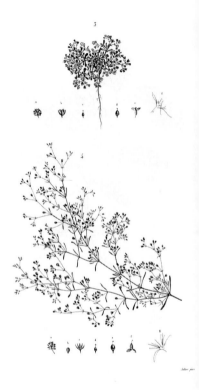

1 Polycarpea Fragilis. 2 Polycarpea Memphitica. 3 Alsine Succulenta. 4 Alsine Prostrata.

1.1' Lancretia Suffruticosa. 2 Statice Tubiflora. 3 Statice Ægyptiaca.

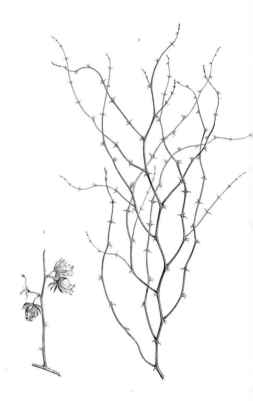

1 Elatine Luxurians. 2.2′ Sodada Decidua.

1 Cassia Acutifolia. 2 Fagonia Mollis. 3 Zygophyllum Decumbens.

1 Balanites Ægyptica. 2 Fagonia Glutinosa. 3 Fagonia Latifolia.

1 Gypsophila Rokejeka. 2 Silene Succulenta. 3 Silene Rubella.

1 Euphorbia Calendulæfolia. 2 Euphorbia Alexandrina. 3 Euphorbia Punctata. 4 Euphorbia Parvula.

1 Lavandula Stricta. 2 Linaria Ægyptiaca. 3 Capraria Dissecta.

1.1′ Scrophularia Diserti. 2 Acanthodium Spicatum. 3 Sinapis Philæana.

1 Erucaria Crassifolia. 2 Cochlearia Nilotica. 3 Buchnera Hermonthica.

1 Sinapis Allionii. 2 Hesperis Acris. 3 Lunaria Parviflora.

1 Raphanus Recurvatus. 2 Cleome Droserifolia.

1 Spartium Thebaicum. 2.2′ Indigofera Paucifolia. 3 Psoralea Plicata.

1 Dolichos Nilotica. 2 Trigonella Anguina. 3 Dolichos Memnonia.

1 Hedysarum Ptolemaicum. 2 Astragalus Longiflorus. 3 Astragalus Mareoticus.

1 Dorycnium Argenteum. 2 Picris Sulphurea. 3 Picris Lyrata.

1 Picris Pilosa. 2 Picris Altissima.

1 Crepis Hispidula. 2 Crepis Senecioides. 3 Santolina Fragrantissima.

1 Artemisia Monosperma. 2 Artemisia Inculta. 3 Artemisia Judaica.

1 Gnaphalium Pulvinatum. 2 Gnaphalium Spathulatum. 3 Gnaphalium Chrispatulum.

1 Anthemis Melampodina. 2 Inula Crispa. 3 Senecio Belbeysius.

1 Inula Undulata. 2 Chrysocoma Candicans. 3 Chrysocoma Spinosa.

1 Balsamita Tridentata. Filago Mareotica. 3 Anthemis Indurata. 4 Cotula Cinerea.

1 Carthamus Mareoticus. 2.2' Buphthalmum Pratense. 3 Anacyclus Alexandreinus.

1 Centaurea Pallescens. 2 Centaurea Ægyptiaca. 3 Centaurea Alexandrina.

1 Nayas Muricata. 2 Parietaria Alsinefolia. 3 Nayas Graminea. 4.4′ Marsilea Ægyptiaca.

1 Croton Oblongifolium. 2 Menispermum Leæba (femina). 3 Menispermum Leæba (mas.).

1.1' Atriplex Coriacea. 2 Acacia Seyal. 3 Acacia Albida.

1 Adonis Dentata. 2.3.4 Parmelia Maciformis. 5 Galega Apollinea. 6 Zostera Bullata.
7 Gymnostomum Niloticum.

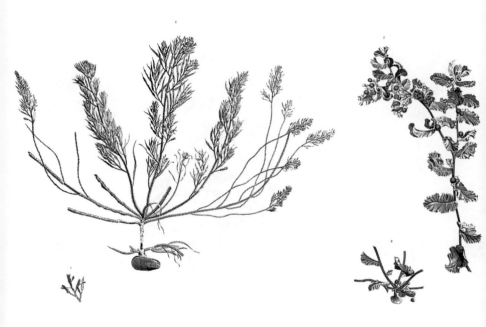

1 Fucus Trinodis. 2.2' Fucus Latifolius.

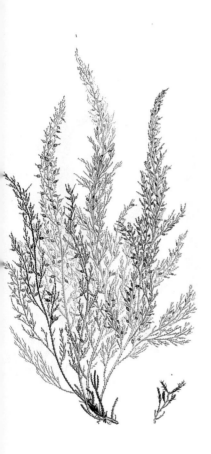

1 Fucus Antennulatus. 2 Fucus Denticulatus.

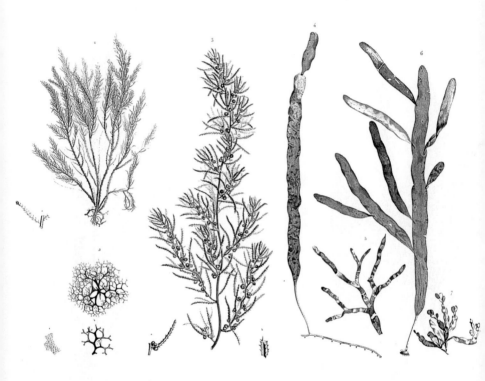

1 Fucus Nayadiformis. 2 Dictyota Implexa. 3 Fucus Tetragonus. 4.5.6.7 Caulerpa Prolifera.

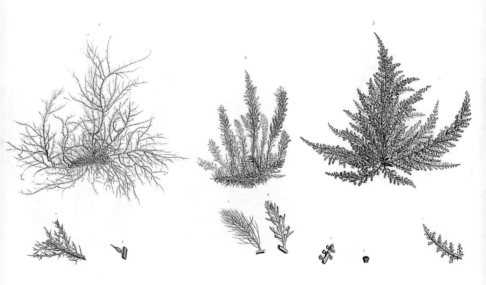

1 Fucus Spinulosus. 2 Fucus Taxiformis. 3 Fucus Cyanospermus.

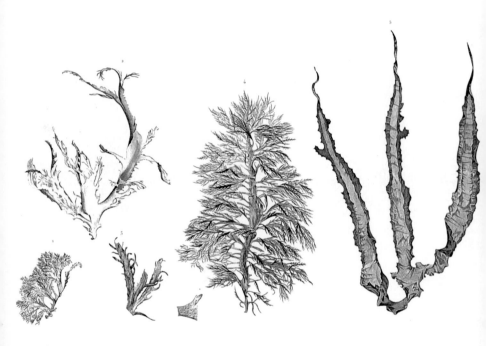

1.2.3.4 Fucus Proteus. 5 Ulva Fasciata.

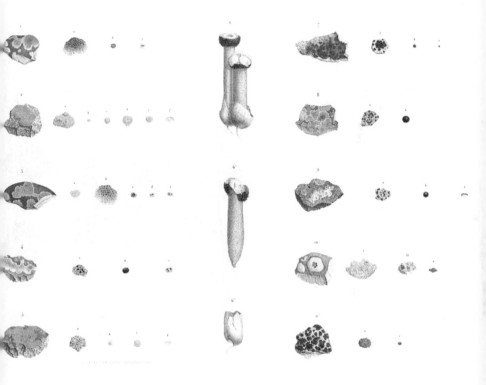

1 Urceolaria Sub-Cærulea. 2 Parmelia Miniata. 3 Urceolaria Rhizophora. 4 Urceolaria Conferta.
5 Lecidea Minima. 6.6'.6'' Phallus Roseus. 7 Lecidea Quinquetubera. 8 Lecidea Circum-Albata.
9 Lecidea Vetusta. 10 Lecidea Canescens. 11.11' Parmelia Pinguiuscula.

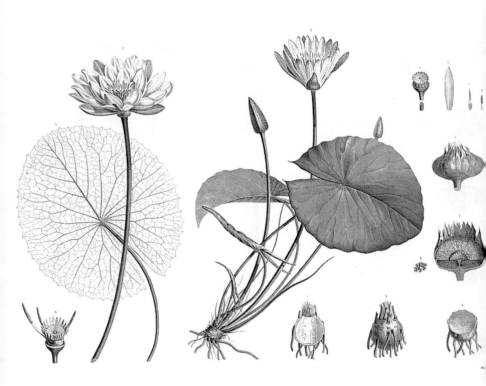

1 Nymphæa Lotus. 2 Nymphæa Caerulea.

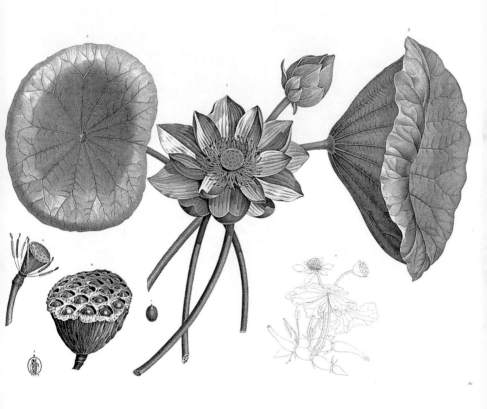

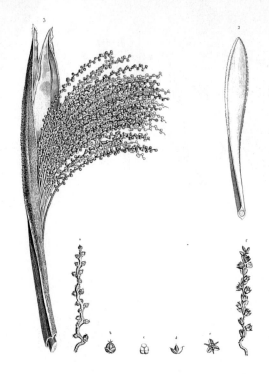

1 Détail de la feuille et de la grappe. 2.3 Détail de la fructification.

MINERALOGIE

1.2.3.4.7 Variétés du granit oriental ou Syénit des anciens. 5.6.8 Diverses roches primitives.

Roches primitives avec les divers accidens qu'elles présentent.

1

2

3

4

5

6

7

8

Basaltes des anciens, Knéiss, Syénitelles etc.

1.2.3.4 Pouddingue Memnonien. 5 Caillou d'Egypte. 6.8.9 Grès Ferrugineux. 7.10.11.12 Grès Monumental. 13 Grès à ciment siliceux.

1.2.3.4 Pierres siliceuses figurées. 5.6.8.9 Pierres calcaires employées à la construction des pyramides.
7.10.11.12 Coquilles fossiles.

Bois pétrifiés.

Roches qui avoisinent d'anciennes mines de cuivre et de plomb.

Variétés de porphyre.

Porphyres, Schistes magnésiens et Brèche égyptienne.

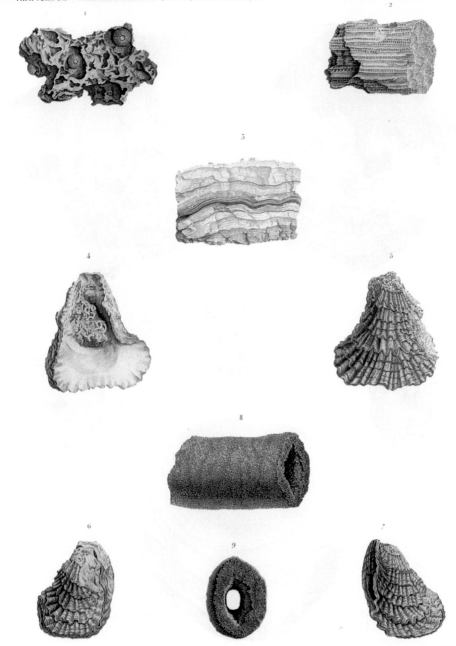

Fossiles et Concrétions.

Coquilles fossiles.

1 à 9 Roches porphyrithiques. 10 Roche de filon.

Porphyres, Sinaïtes, Grès Etc.

1

2

3

4

6

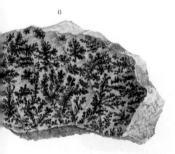

5

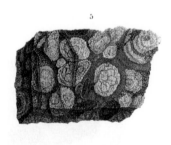

1.2 Sinaïtes. 3.4 Roches granitiques. 5 Granit Orbiculaire. 6 Roche Quartzeuse Herborisée.

Diverses roches primitives. Madréporites.